从“被动教”到“主动学”

塑造课堂新生态的六节必修课

王福强　陈敏　著

CNS PUBLISHING & MEDIA | 湖南人民出版社·长沙

图书在版编目（CIP）数据

从“被动教”到“主动学”：塑造课堂新生态的六节必修课 / 王福强　陈敏著. —长沙：湖南人民出版社，2023.9（2025.8）
ISBN 978-7-5561-3159-4

I. ①从…　II. ①王…　III. ①语文教学—课堂教学—教学研究　IV. ①H19

中国国家版本馆CIP数据核字（2023）第019867号

从“被动教”到“主动学”：塑造课堂新生态的六节必修课
CONG BEIDONG JIAO DAO ZHUDONG XUE : SUZAO KETANG XIN SHENGTAI DE LIUJIE BIXIUKE

著　　者：王福强　陈　敏
出版统筹：陈　实
监　　制：傅钦伟
资源运营：湖南中教出版传媒有限公司
责任编辑：张玉洁
特邀编辑：刘　缘
产品经理：冯紫薇
责任校对：唐水兰
封面设计：刘　哲

出版发行：湖南人民出版社有限责任公司［http://www.hnppp.com］
地　　址：长沙市营盘东路3号　　邮编：410005　　电话：0731-82683357

印　　刷：长沙新湘诚印刷有限公司
版　　次：2023年9月第1版　　印　　次：2025年8月第4次印刷
开　　本：880 mm × 1230 mm　1/32　　印　　张：9.25
字　　数：150千字
书　　号：ISBN 978-7-5561-3159-4
定　　价：52.00元

营销电话：0731-82221529（如发现印装质量问题请与出版社调换）

序言

课堂之道

一个寻常的早晨，办公桌前，一名老师一边整理着刚刚做好的教学设计，一边望向走廊另一端的教室，她试图在脑海里描摹课堂的样子……

回顾自己三十多年的教学生涯，类似的场景曾无数次出现。教学经验越丰富，我对课堂越敬畏，以至于每次面对真实的课堂，我总是充满期待又略带恐慌。什么样的课堂才是好的课堂，课堂之道究竟是什么呢？

我曾经与无数的同行探讨过这个话题。我发现，在多数教师的认知中，所谓“上课”，无非就是按照教学设计提问、讲解、组织学生练习、检测、评估反馈、布置作业。但这样，真的是课堂该有的样子吗？

我们是否注意到了这种现象：老师讲的分明是“一”，学生却早已跳出了“一”，在与“一”相关的众多信息中穿梭；

老师在“平均用力”“线性推进”，学生却在课堂上“进进出出”“跳跃行走”；老师讲得很卖力，学生却游离在另一个“平行宇宙”中。老师与学生之间，知识与人之间，似乎总是隔着点什么。一节课下来，老师很满意，认为该讲的都讲了，学生却不买账，情绪不高，感觉效果平平。问题到底出在哪里？

让我们把视角从“孤立”的教室中移出来，看一看不断变化的世界究竟需要什么样的人。

今天的世界由一个个真实具体的挑战构成。这就意味着，面对一个问题，学生的身边不会有提示词，不会有固定的路径，更不会有标准答案。无论你考试分数多高，如果你不能理解他人，不能解决一个个具体而复杂的问题，就无法应对未来社会的各种挑战。今天的社会需要有感知力、共情力、理解力、合作力，能够将所学知识转化为问题解决方案的真实的人。

这样的人来自哪里？从现在到未来，从知识传授到能力为本，从课本学习到素养进阶，从标准答案到解决方案，转换已经悄然发生。作为一个建设关系、交流协作的场所和一个认知形成、能力构建的场所，课堂的作用毋庸置疑——学生正是通过课堂学习来完善人格发育，构建价值体系，获得解决问题的能力的。因此，学习的方式、内容都要服务于人的成长，“人”本身就是课堂的目的。

那么，今天的我们需要什么样的课堂呢？

“目标导向”让学习过程“可视化”——好课堂赋予人解决问题的能力。

知识始于问题，人类历史上的任何知识都是基于当时背景下对某个问题的研究。人在学习过程中通常要回答这几个问题：学什么、为什么学、怎么学、如何知道自己学会了、学会了能干什么？这几个问题正好对应了课堂的学习目标阐述、基于目标与内容的学习方式、评估与反馈、知识的迁移与使用。所有流程都是在“目标导向”下进行的，目标让学习目的、资源、路径、结果可视化，也正是在这样“可视化”的过程中，学生获得了对知识的体感，完成了对知识之间的联系与结构化的认识，最终在学习的过程与结果呈现中形成了对知识与自己的认知。设定目标、协调资源、设计路径、形成方案、对标结果、反馈实践，这是完整学习的闭环，更是解决实际问题的具体过程。经由“目标导向”，学生的思维品质与实践能力得以真正提升，这是课堂的基本价值。

“体验式”学习让“人”的价值在学习中凸显——好课堂给予人成长的空间。

何为体验？体验即身在其中，有互动、有感觉、有连接、有融合，体验是打开与建立新世界的过程。这些环节恰好是

“体验式”学习在课堂的表现：身在其中是说课堂因人而在，因学而生；互动与感觉是师生、生生关系的构建要素，它们赋予课堂安全的属性，人得以在课堂上自由发展；连接与融合，让人的社会属性得以充分发育。因为有体验，学习者才会对一个新事物或新概念有自己的理解；因为有体验，才会暴露学习者之间的差异，老师才能有针对性地进行引导；因为有体验，人才会有对失败与成功的反思，才会想出方法策略，而人的创造力也就在这样的过程中爆发出来。素养与能力正是人在体验的过程中形成的。“体验式”学习让人成为学习的发起者、建构者与实践者，课堂的“情绪价值”得以彰显。课堂的情绪价值可以使师生关系更牢固、更持久，可以使知识与人之间的关系更亲密、更和谐，可以使整个课堂气氛融洽。更重要的是，情绪价值可以让学生在课堂上收获一份良好的心情，人对良好心情的需求是没有上限的，是会在这个赛道上不断追寻下去的，这就是学生学习的兴趣、注意力、意志力形成的契机，情绪价值已然成为课堂价值的一个重要组成部分。有了情绪价值，学生就愿意为课堂上的互动、体验与感受投入时间与精力，经过情绪调剂的知识就会有温度，成为人的一部分，成就人。

“学习任务设计”让学习充满动力——好课堂让学生成为自己。

学生学习动力不足的问题一直存在，只不过在学校各种规章制度的管理、教室的约束和老师的控制下，这类问题大多时候被掩盖了起来。疫情防控背景下的线上学习，将学习的自主权交还到学生手里，各种学习问题层出不穷，根本原因在于先前的学习过程没有激发出学生的学习动力。

学习动力不足的解决办法，一个是提供外部反馈与有效激励，另一个是进行学习任务设计，课堂上把一次次学习设计成学习任务，靠任务激发动力，在完成任务的过程中形成主动学习的意识与能力。认知科学研究表明，要保持学习状态，人需要对所学内容感觉到有意思、有意义和有可能，这三个层面也应成为学习任务设计的标准。“有意思”的学习任务离不开真实具体的场景，知识在使用过程中才是活的，才会与人产生联系。学习任务的“有意义”来自学习者主动探索与解决问题的过程，意义感让人更愿意持续做一件事。“有可能”指的是好的任务为学习者创造各种可能性，让学生在学的过程中掌握知识与认识自己，看见自己的成长。好的学习任务能够将学生未来的生活与今天的学习紧密联系在一起，只有这样学生才会有源源不断的学习动力，才会把学习责任担在肩上。如此一来，他们就可以唤醒自己、发现自己，进而“成为”自己，而成为自己则是课堂教学的最终目的。

本书从塑造课堂新生态的六节必修课出发，从六个视角描绘了课堂教学的认知地图，揭示了未来课堂教学的核心走向——从“被动教”到“主动学”。每部分的开头都写有导语，没有居高临下的态度，有的只是娓娓道来的诚恳，节节深入，带领读者回到教育的场景中，回到课堂，面对一个个具体的问题，去观察、去思考、去认识，形成自己的教学判断或教育认知，构建自己的思维模型。

完成这本小册子，于我而言意味着什么？写作的过程中，朴素的教育教学常识一次次在我面前“赫然而立”。说“朴素”是因为它们平日里近乎被无视，“赫然而立”是因为常识缺失下的教育现状叫人触目惊心，这些文字是我对当前课堂教学的处境、对人之为人的教育目标做出的回应。我的视角一次次被拉回过去，又瞬间延展到未来，拉开了足够长的时间跨度，教育的真意恰在其中。我的视野从教育到生活，从生活到课堂，逐渐用事实、用感受、用细节、用教育的纹理填充着自己精神世界的“背景图”，我乐在其中，也思在其外。我试着对世界发出自己的声音，我珍视这些被一时的强音压过的喃喃细语，因为我知道，每个人都不该被时代所吞没——只要你保有精神的脊梁。

让我们一起塑造课堂的“新生态”。在学习中实践，在实践中学习，我们的教育人生注定是一边在“修船”，一边在“开船”的。祝你成为一个好舵手！

目录

第二章 课堂的互动之道

互动课堂的生态特征：师生关系平等、民主，形成真正的学习共同体，互教互学，提高课堂效率，使教学最优化，创造性地实现教学目标。

第二章

课堂的实效之道

——教学要有清晰的目标导向 089

实效课堂的生态特征：强调目标导向，注重教学成效，课堂行为遵循教学规律，课堂扎实、到位，在最短的单位时间内达成教学目标。

第四章

课堂的魅力之道

魅力课堂的生态特征：课堂真正以学生为主体，为学生提供“绽放”自我的机会，学习过程是动态的、生成的、民主的、合作的、分享的，师生能深刻体验到课堂带来的幸福感。

人文课堂的生态特征：生命气息浓郁，形成一种对生命的理解、关怀与尊重，呈现出开放、自由、和谐、智慧的特质，学生得以放松地发展。

第一章

课堂的和谐之道

——教学要服务于培养完整的人

和谐课堂的生态特征：教学各要素全面协调、充分发展、良性互动、整体优化，实现学生健康发展。

让课堂成为师生的幸福之源

教师和学生每天大部分的时间都在课堂上度过，如果课堂教学令师生厌倦不已，痛苦不堪，我们如何能在课堂上找到自己的价值和幸福?

可惜的是，在现实生活中，偏偏有一部分课堂教学走进了这样的“死胡同”。

为什么会如此？如果不去挖掘课堂教学本身丰富多彩、鲜活生动、富有强大生命力的特性，不把目光聚焦于师生的生命伦理价值，而只把学习局限在“知识”的单一维度，照本宣科，教师是传声筒，学生是接收器，课堂必定是苍白、僵死、没有生命力的。师生如同笼中鸟一般，无法尽情享受生活、享受学习、享受成长，课堂就会成为滋生痛苦、烦闷和枯燥的场所。

教师需要将课堂教学视为一个赋予学生力量的过程，唯有如此，课堂教学才不单纯是为“传授知识”而存在，其教学目标、教学策略、管理方法，才会被教师赋予新的意义，课堂才会成为激发师生生命活力的幸福之源。

我们的痛苦往往还来自课堂教学功能的异化，课堂教学似乎只追求一个僵死的分数。如果教师的任教成绩不理想，那么他很难成为优秀的教师；如果一个学生分数不高，那么他的学习就是失败的。果真如此吗？很显然，这是传统的选拔教育思维、精英教育思维束缚了教育者的思想。

对大多数学生来说，长大后成为普通人的可能性极大。因此，教育必须遵循人才的成长规律，是小草就让它装饰大地，是参天大树就让它长成栋梁之材。在这个前提下，赋予课堂教学新的意义和追求，再去研究如何指导学生。要使学生逐步认识到，一切事物的真正价值在于获取时所付出的辛苦劳动，从而树立正确的学习观、发展观，摆脱唯成绩论对师生身心的束缚，勇敢面对一切，实现自己人生的价值。

归根结底，开启课堂幸福之源的关键在于师生关系的调整。要变专制型的师生关系为伙伴型的师生关系，教师要明确学生是学习的主人，而教师的职责是帮助学生学习。教与学的关系应该是平等的，而不应是“君临天下”式的。教师要富有童心，要想学生之所想，急学生之所急，乐学生之所乐，忧学生之所忧，洞察学生知识的生长点，知道学生会朝什么方向发展。课堂上，一切要顺乎自然，老师顺势而教，学生顺心而学，老师与学生全身心地沉浸在教与学的快乐之中。

有人曾对课堂进行了如下描述：

当学生毫无头绪时，我能否给他们以启迪？

当学生没有信心时，我能否给予他们力量？

我能否从学生的眼中读出他们的愿望？

我能否使学生觉得我的脉搏与他们一起欢跳？

我能否使学生的争论擦出思维的火花？

我能否使学生在课堂上学习合作，感受和谐的欢快，发现的欣喜？

我能否让学生在课堂上“豁然开朗”“茅塞顿开”或者“悠然心会”？

我能否让学生在课堂上“怦然心动”“浮想联翩”或者“百感交集”？

我能否让学生内心澄明、眼界开阔……

这样的课堂教学映射出“生命的意义”，体现着“人文”的色彩，师生还愁从中得不到幸福吗？

把课堂当作生命的一部分

朋友的女儿读学前班，再有几个月就该上一年级了。小女孩聪明伶俐，成绩优异，俨然是老师们眼里的“宝贝疙瘩”。怎料，当我问起她喜欢不喜欢上学的时候，她的回答让在场的人“大跌眼镜”：“傻瓜才喜欢上学呢！”

一个天真可爱，还没有真正成为学生的孩子，竟然说出这样一句让人瞠目结舌的话来，怎能不令我们教育工作者汗颜？

记得小时候唱过一首《上学歌》，多么美好啊！学校就是乐园，是孩子们最愿意去的地方。可为什么一切都在悄然改变呢？据说这个简单的旋律后来再度流行起来，可惜，歌词已被篡改得面目全非。

学校到底是什么地方？课堂到底是什么地方？如果连那些品学兼优的孩子都在痛恨学校生活，厌恶课堂教学，难道我们不该认真地寻找病根吗？

然而何止是学生，很多老师在学校生活和课堂教学中也体会不到乐趣。多少教师年复一年、日复一日地在课堂上“重复着昨天的故事”。多少教师教了十年、二十年书之后，开始厌倦课堂，把走进教室、站上讲台当作痛苦的事情。

对于一个教师而言，三尺讲台成为他最不愿意去而又不得不去的地方，那将是何其悲哀的一件事！在这种情况下，我们去奢谈教育的有效、课堂的高效，岂不是水中月、镜中花？

华东师范大学教授、博士生导师叶澜针对教师和课堂教学曾经有过精辟的论述，大意如下：

课堂教学对教师而言，不只是完成助力学生成长的任务，它同时也是体现了教师本人的生命价值。每一个热爱学生和自己生命、生活的教师，都不应轻视课堂教学，由此才能自觉地上好每一节课，使每一节课发挥应有的价值，才能积极地投入教学改革。

然而，在现实的课堂教学中，有多少教师能够意识到要“把课堂当作生命的一部分”呢？

我曾跟一位中学化学教师交流过，她说自己年年带毕业班，非常疲惫，可迫于领导的压力，不去上课又不可能，所以感到痛苦不堪。我想，她代表了相当一部分教师。观察当下的课堂教学会发现，教师的“教”更多只是为了完成领导和上级布置的任务，是靠劳动去换取那点赖以生存的薪水。“当一天和尚撞一天钟”成了普遍的心态，疲于应付，懒于创造也成为课堂教学的常态。同样地，受到教师“换汤不换药”教学法影响，学生带着不情愿甚至恐惧的情绪进入课堂，硬着头皮去接受教师授予的课本知识，缺乏快乐与趣味，疲惫而痛苦不堪地学习，就是为了换取考卷上一个优良的分数。这不正是我们在课堂教学中司空见惯的场景吗?

于是，在整个教与学的流程中，师生找不到丝毫的乐趣，本来应该充满生命意义的课堂教学，退化成毫无乐趣的“一潭死水”，教师教得“苦”，学生学得“烦”，也就不足为奇了。

如果想改变这种现状，就不能把课堂教学当作一件强加于己的事，而要把它看作自己生命的一部分。每一节课，教师都要努力地去挖掘更丰富多彩的生命活力；每一节课，都要为自己的生命添上与众不同的色彩。如此，才会达到师生双赢：教师乐其所“教”，学生乐其所“学”；“教”有付出的快乐，“学”有收获的快乐。

著名特级教师于漪老师，在从教历史一科8年后，毅然带着满腔对教育事业的热情投入了语文教学的阵营。自然，她原本就是一位十分优秀的人民教师，但语文教材对她而言却依然是陌生的。可她并没有马虎了事，而是以加倍的努力投入了课程研学：语法、修辞、逻辑，中外文学史、哲学、天文、地理、航海……一切与其教学相关的知识她都严肃以对，学到深夜对她而言早已是家常便饭。正是由于她把自己的生命价值和每节课紧密结合在一起，重视课堂教学，才奠定了自己作为师者的基础。她的课备受学生的欢迎。

因此，唯有像于漪老师一样，教师才能站在更高的层面来看待自己的课堂教学，才会把课堂生活当作自己生命的重要组成部分。

师生在教与学的过程中，除了学得知识与技能，最根本的还是师生生命价值得到了体现，心灵得到了丰富与发展。课堂成了师生共同学习与探究知识、展示智慧和发展能力、情意交融与养育人性的殿堂，成了师生生命价值、人生意义充分彰显的快乐场所，从而促使师生努力、积极地寻求个体生命质量的提升。这样的课堂可能会少一点“知识”，但会多一点“智慧”。教师的使命不再是简单地传授一定数量的知识，而是通过自己的努力，使每个学生都有可能自由地发展他的才能和爱好。课堂成了师生交流的重要平台，学生成了教师生命中最亲密、最重要的人。

当我们在课堂教学中体验着生命活力带给自己的喜怒哀乐时，教师已经把自己的生存方式与课堂结合起来了。如此一来，我们便能遏制随时可能出现的职业倦怠。试想，一个把课堂当作自己的生命来打造、来经营的教师，还会教出认为“傻瓜才喜欢上学”的学生吗？

寻找课堂的快乐“本源”

某日，一位教师因病不能到校，班主任将情况告知学生，雷鸣般的掌声和欢呼声顿时响彻教室。

问起学生为何会有如此反应，学生直言不讳：“他根本不把我们当人看，除了训斥就是打骂，整天板着一张脸，上他的课就是活受罪，一丁点儿快乐都没有。”

快乐是什么？快乐是一种愉悦的心理体验，是一种乐观向上的积极态度。把这样一种体验和态度迁移到课堂之中，课堂就成了快乐课堂。快乐的课堂能使学生的个性得到充分张扬，使学生在享受精神愉悦的同时，身心得到健康、和谐的发展。然而，在我们的中小学课堂里，“快乐”似乎成了稀缺物。在强大的应试教育思想下，在如山似海的作业与考试中，我们的课堂缺失了快乐学习的健康动力源。

在我们的课堂上，不难见到以下情景：

教师以“严师”自居，从不肯“赐予”学生笑脸，总是用严厉的面孔给学生施压。

教师讲课时宁可望着天花板，也不与学生进行眼神交流，鲜少设计互动环节，即便提问也常常叫不出学生的名字。

说话尖酸、刻薄，动不动就出口伤人，对优等生笑脸相迎，对后进生不理不睬，典型的“偏心眼”。

面孔呆滞，神情冷漠，语言啰嗦，没有激情，典型的“催眠高手”，学生听课索然无味，昏昏欲睡。

不去精心备课，用海量的作业作为获取教学成绩的法宝，美其名曰“精讲多练”，典型的庸师行为。

考试成绩不理想就把责任都推到学生身上，只说学生不努力，不讲自己没教好。

试想，这样的课堂学生能够快乐吗？

我们来看一个真实的课堂教学片段：

教师运用多媒体教学手段，先是展示了一座荒岛的图片，让学生说说对这个荒岛的印象。然后又播放了一组动画：荒岛上一只孤独的小熊渴望得到朋友，在云的启发下它不停地种草植树，终于把荒岛变成了一个绿岛。最后播放旁白：“这儿真好！”那到底好在哪儿呢？

师：谁来夸夸这个小岛？

生：这个小岛真美！

生：这个小岛原来是个荒岛，现在已经变成了一个有花、有草、有树，还有许多小动物的绿岛。真好呀！

师：你说得太好了！

（这时一个小女孩急不可待地举起了手）

师：哦！好的，请你来夸夸吧！

生：老师我想给你提个意见。

师：好的，你说吧！

生：我想夸夸小熊。

师：哦！为什么呢？

生：因为小岛之所以这样美，全是小熊的功劳。

师：说得多好呀，你用你独特的视角发现了创造美的主角，最美的是小熊，最该夸的也是小熊！（这时许多学生也开始讨论起了如何夸小熊……）

这个案例告诉我们，课堂作为师生交流的重要场所，应该是快乐的“天堂”。到底怎样才能让课堂充满快乐呢？仁者见仁，智者见智。在谈到这个话题时，不少人会把快乐的来源定位于课堂的趣味性、游戏性、活动性、实践性，这固然没错，但这种凭借纯粹的“教学技术手段”来制造快乐的方式并非课堂快乐的本源。究其根本，“快乐课堂”的本源主要有两个：

第一，教师的快乐是最直接的源头。课堂的快乐源于教师的快乐，而教师的快乐取决于教师的思维取向。乐观积极的教师，总是引导学生关注生活积极的一面，因而习惯以积极的态度工作。作为一名教师，要热爱自己的事业，要具备“乐教”之心、“会教”之能和“善教”之法，通过不断地提升自我，完善自我，创造新的业绩，感受无尽的快乐！在课堂中，教师的生命得到了升华，快乐自然相伴左右。相反，如果教师总是陷在个人的一时得失中难以自拔，总是用悲观的、消极的、负面的心态看待世界，他又怎能将快乐带到课堂中，带给学生呢？

第二，学生的快乐才是课堂真正的快乐。如果想让课堂充满快乐，教师首先要学会把学生当“人”看。“以学生为本”的口号喊了多少年，到头来只是课堂改革的幌子，并没有真正落实到位。通常情况下，只要挥舞起“分数”的大旗，所谓的“以生为本”就偃旗息鼓、举手投降了。其表现是学生没了自由发展的空间，没了自我尊严，没了学习的兴趣……很多老师的眼里“见分不见人”，学生出一点点问题教师就大发雷霆，采取各种手段加以惩戒，丝毫不在乎学生的权益，在这样的课堂上，学生岂能寻觅到乐趣？把学生当人看，就是要把学生当作一个独立的人、发展的人、独特的人，无论学生的成绩怎么样，只要他努力了就会有所成长，我们都要学会告诉自己：“有这样的学生真好！”带着这种想法走进课堂，我们看到的每一张脸都是那么可爱，每一双眼睛都是那么单纯。尊重学生的个性，尊重学生的差异，相信每个学生都能成才，课堂就会快乐起来。

不上无准备之课

不可否认，教师的工作非常繁杂。在上课之外，还要备课、批改作业、教育学生、与家长沟通、参加各种各样的会议和培训、应对上级部门的检查等。如此重压令部分教师叫苦不迭，同时乱了分寸，抓不到重点，找不到方向，忙乱之中被挤压和侵占的往往是相对“隐性”的备课时间。该上课了，老师还没来得及认真备课，只得硬着头皮、匆匆忙忙走进课堂，完全凭着经验和直觉来组织授课，课堂的松散、凌乱、高耗低效也就不足为奇了。

学校的管理制度大都少不了“检查教案”一项，在这种情况下，“临时抱佛脚”补写教案的现象屡见不鲜。我曾目睹某位老师在“作假”骗过校方之后，得意扬扬地在同事中推广“经验”。但我的心头唯有“可悲”，如此作为不仅对课堂教学毫无意义，而且白白花费了心血、糟蹋了生命，这有什么值得炫耀的呢？而那些教龄稍长的老师，自恃教学经验丰富，便不把备课当回事。其实，每届学生都是不同的，每次上课他们都会对教材生出新的见解，因而不能满足于原有的教法，不能照搬原有的经验，而应抱着“归零”的心态认真反思、认真总结，使自己的课上得更加完美。

若不备课就走上讲台，内心的那种“虚弱”和“不安”极易被学生洞察，如果再如老和尚念经一般“抱着课本读死书”，甚至会被学生问得张口结舌，又怎能被学生打心眼儿里尊敬呢？这样的教师再次走进教室，如何能抹去学生眼神中的不屑和鄙夷呢？

于漪老师认为上好一堂课，须经过“三次备课”：

第一次备课——不看任何参考书、资料包括教参，全凭自己的理解对教材进行一次整体把握。

第二次备课——广泛涉猎，仔细对照，看哪些东西我想到了，人家也想到了。哪些东西我没有想到，但人家想到了，学习理解后补进自己的教案。哪些东西我想到了，但人家没想到，我要到课堂上去用一用，是否我想的真有道理，这些可能会成为我以后的特色。

第三次备课——边教边改，在设想与上课的不同细节中，区别顺利与困难之处，课后再次备课，修改教案。

“三次备课”展现了于漪老师独特的教学风格，正是由于反复探索、不断改进，她的专业素养和教学水平才得以快速发展。在她退休多年以后，有记者问起她教学多年最宝贵的财富是什么，她指着满满的一书柜教案说，那是她一生最珍贵的东西。

名师尚且如此，我们又怎能掉以轻心、敷衍了事？课前准备看似多余，其实对教师的专业成长意义非凡。充分的课前准备能使我们每节课都从容淡定、谨慎专注，长此以往，我们的自信心就会越来越足，这也有助于我们更快地形成自己独特的教学风格。

当然，课前准备不仅限于提前备课，还需要在一些细节上做好准备。

譬如物质方面的准备，上课所用的教材、教具、资料、实验仪器是否齐全，多媒体设备、音响设备是否调试妥当，都需要仔细检查，马虎不得。如果上课时丢三落四，或者因仪器设备出问题致使原有的教学方案无法顺利实施，教学效果自然不好。

再如心理方面的准备，在上课之前，教师应该静下心来想想即将开始的这堂课。有了教案不等于就能上好课，通过默想，将教学重点、教学步骤、可能出现的问题梳理清楚，教师自然就能进入上课状态。铃声响起前的2分钟，教师就应做好上课的一切准备，预备铃一响，就要拿好教具面带微笑地出现在教室门口，用亲切温和的目光扫视全班，使学生的情绪安定下来。假若教师本身缺乏时间观念，在上课铃响起时才急匆匆地来到教室，甚至过了上课时间才姗姗来迟，这种行为不仅不尊重学生，还会影响学生的听课情绪。

千万不要以为做好上课准备只事关教师自身，这对学生的培养也非常重要。教师对待每节课认真谨慎的态度会给学生树立标杆，潜移默化地产生积极的影响。因为，学生要想提高学习效率，同样需要做好上课的准备。教师的行为会化作一种感召力，让学生原本无意识的、盲目的课前准备活动，逐步转变为有意识的、主动的课前准备。

“一回生，二回熟”，学生明确学习新知识前自己应该做什么，应该怎么做，逐步形成学习定势，变被动为主动，从而形成良好的自主学习习惯。学生的课堂学习更加专注、高效，教师课堂教学的效率才会相应得到提高。

剔除虚幻的“完美”

我们的日常教学似乎很难摆脱一种倾向，那就是过度追求完美。尤其是上公开课时，课堂气氛要热热闹闹，课堂环节要顺畅自然，学习内容多多益善，学生回答要精彩完整，一切都要在计划之内、掌控之中，甚至还追求课堂结语和下课铃声分毫不差。似乎不做到这样，课就不值得称道。

可是，细细追究起来，这种课堂的角色和台词往往都是课前准备好的，教师只要做好导演就行，这样的“完美”又有多大价值呢？

很多学校的课堂评价量表全面而周密，如果一节课无法充分体现这些维度，在评价中很可能就得不到满意的分数。因此，老师们只能严格对标。但学来学去，改来改去，却不见自己的水平有实质性提高，反而令课堂变得不伦不类，毫无个性。

因此，一个老师如果总是以追求“完美”的心态进行教学，那么他就会像做一个永远不会实现的梦一般，在残酷的现实面前倍受打击，久而久之就会对教学失去信心。

其实，教学永远是一门“遗憾”的艺术，不管教师的教学能力多强，准备多么充分，课堂上也总会有缺憾。认识到这一点，我们才能面对真实的课堂，才能摆正心态，去寻求更合理的走向优质教学的途径。

在交流的过程中，我总能听到老师们表达对自身教学的不满，这种不满在于自己没有对课堂的方方面面做出最合理的预期。就知识传授而言，是没能囊括本节课的所有知识；就学生反应而言，是没能预设出学生的各种反应并研究对策；就教师自身而言，是自己的肢体动作、语言乃至上课节奏不够流畅，没能把同行教师的各种优点集于一身，没能成为集大成者……一个教师有这样的追求和理想，其精神固然值得鼓励，但什么情况下才会出现这样的课堂呢？我想它只存在于教师的理想中，甚至只是一个梦想，除了在“名家”的公开课上偶尔得见，绝对不可能存在于日常教学中。

就现实而言，教师每堂课面对的学生不同，学生基础不同，思维方式不同，反应大小不同，必然会有一些不完善的地方。我们可以在某些方面做得更出色一些，譬如教师的激情感染了课堂，或者开展的活动充分体现了学生的主体作用，或者课堂的教学设计简洁实用、环环相扣、效果显著等。但若非要强求一堂课在各个方面都“完美无瑕”，反倒容易让课堂失去创意，变得千篇一律。如此，又如何能够使课堂生动有趣，收获一些美丽的“意外”，发现一些别样的“风景”呢？从这个角度来看，“完美”反而成了“死板僵化”的代名词，使课堂失去了更多可能性。

毫无变化的课堂，必然是毫无吸引力的课堂，在这样的课堂中我们还能奢求学生保持良好的学习状态吗？

这里要特别提醒教学管理者，别让追求“完美”成为教师迫不得已的选择。如果“统一的评价标准”是为了给课堂教学改革指出清晰明确的方向，让大家知道该如何努力，这无可厚非。可一旦我们把这个“标准”当作尺子，用它刻板地衡量具体的每一节课，并为之赋分，就会将课堂教学引向歧路。譬如，若“标准”中明确规定教师上课必须要用多媒体课件，而恰巧遇上一节更偏重师生的交流互动，根本没有必要使用多媒体的课，我们依然参照“没有使用多媒体则不达标”的标准为这节课赋一个零分，那显然十分荒谬。这将直接导致老师上课时背负着“标准”的重压，为了迎合“标准”而顾忌这里、顾忌那里，最终个性尽失。

此外，我参加过无数次的听课评课活动，发现有一些拥有“话语权”的业务高手或者领导们，听完课后，不是强调尊重和发现，而是居高临下，颐指气使，把精力放在挑毛病、找差距上。你说这样，他说那样，结果让讲课老师无所适从，只好什么意见都采纳，上出不伦不类、毫无个性色彩的“四不像”课。这样的做法对年轻教师的成长是极为不利的。

因此，为了落实教学目标，一个有头脑、有思想的老师，绝对不会在课堂上按照某些僵死的“课堂标准”来上课。相反，守住自己对课堂的理解，剔除虚幻的“完美”，保持鲜明的个性，这才是最应该努力追求的。

学习兴趣仰仗于后天培养

古今中外，凡在事业上取得了较大成就的人，无一不对自己所从事的事业有着浓厚的兴趣，兴趣推动着他们孜孜不倦地追求成功。

第一位在诺贝尔奖颁奖典礼上用中文演讲的华裔科学家丁肇中用6年时间读完了别人需要读10年的课程，最终发现了“J粒子”。当有人问他是否觉得辛苦时，他只是坦然表示自己很快活，并不觉得有什么累，甚至明确表达了因为所从事的研究合乎自己的兴趣而深感幸福的意思。

其实，兴趣的推动作用在学生的日常行为表现中也有很多体现。有人说学生不喜欢学习是因为学习太累，可我们想想，很多孩子痴迷于网络游戏，在电脑前可以坐上一天一夜，不吃不喝，难道不苦不累吗？可孩子为什么还能坚持，乐此不疲？原因就是他们对网络游戏有浓厚的兴趣。同样，学生只有在学习过程中感受到乐趣，他才有可能真正喜欢上学习。而兴趣的形成，除却天生的因素，后天培养也很重要。

所以，我经常问同事们一个问题："当学生对你所任教的学科没有丝毫兴趣的时候，你是否思考过，责任在谁？是不是教师应该承担更大的责任？自己是否有必要调整教学的思路、调整教学的策略？"不可否认，学生能否对你任教的学科产生兴趣，很大程度上取决于你如何引导。

下面是一位政治教师教学"珍惜无价的自尊"时的课堂片段：

一上课，教师先向学生展示了一个案例：某年，在武昌的一家酒店里有四名日本人正在用餐，忽然其中一名日本食客开始用日语大叫，餐厅女经理急忙赶过来，这时令人愤慨的一幕发生了：这名日本人用双手猛压女经理的肩膀，用膝盖猛击女经理的腿部，令其下跪。女经理虽然没有跪下去，但被羞辱得泪流满面。当时在场的中国人都被激怒了，纷纷准备上去打抱不平，日本食客见势不妙，便匆匆溜走了。

这时，学生们都露出了愤怒的目光。教师马上提出问题：女经理为什么要流泪？在场的中国人为什么都被激怒了？假如你是在场的女经理，你会怎么做？同学们沉默了片刻后议论起来，说出了各种不同的观点。有的说会拦住日本食客，要求日本人向中国人道歉；有的说会跟日本人据理力争，并把这件事刊登到媒体上，让全世界了解他们的不堪行径；有的说应该到日本领事馆进行交涉；有的说这样被日本人侮辱，面子上过不去，会动手打日本人，因为他们不仅践踏了女经理的自尊心，而且还践踏了所有中国人的自尊心……于是，教师在对学生的看法一一做出回应后，抓住时机引导学生学习了相关的知识。

在这个教学片段中，教师精心策划，根据教学目的和教学内容的要求，运用典型案例，通过引导学生独立思考和集体协作，提高了学生们识别、分析和解决某一具体问题的能力，更重要的是，激发了学生对学科内容的兴趣和热情。

那么，作为教师，如何让学生对你所教的学科产生兴趣呢？

首先，教师本身必须热爱自己所教的学科。如果你是语文老师，就该痴迷于文学。你应该欣赏李白的豪放，喜欢李清照的婉约；读《少年中国说》，你慷慨激昂，品《春江花月夜》，你流连忘返。假如你作为一个语文老师，在引导学生阅读文本的时候，你自己都不能走进文本，不为文本所打动，你又如何能奢望学生会为你的课程所打动呢？我们常听到老师要求学生朗读时“要有感情”，可自己来范读时却毫无情致，这样的课堂如何能够激发学生的兴趣呢？

其次，你要时时在教学中“求变”。众所周知，教学有法，但无定法。再好的教学方法，如果长期使用，也会失去新意，使学生丧失学习兴趣。课堂教学是教师、学生、教学内容、教学手段等多种因素构成的一个复杂的过程。因此，在课堂教学中，教师要尽量做到求新、求异、求变、求精。用现代化的教学手段改进教学方法，提高学生的学习兴趣。同时，教师应尽可能创设轻松、愉快、积极、健康的课堂气氛，这样才能给学生安全感，才能使学生敢想、敢说、敢探索……通过观察、讨论，唤起学生探索的欲望，激发学生质疑的兴趣，使学生带着问题对未知的一切进行探索。

最后，在教学中要注意多用表扬，少用批评。孩子在成长过程中，难免会做错事情，犯些错误。假如孩子一犯错误，老师就一顿批评，不仅会挫伤孩子的积极性，也会打击孩子的自信心，久而久之，容易使孩子形成恐惧、退缩的心理。事实上，在孩子犯错的时候，他们最需要的是理解与引导，明白自己为什么会错，怎样做才不会错。绝大部分孩子在成长过程中都是想学得更好、做得更好的，缺少这方面意识的终究是少数。而不少老师却总是用“认真点”“多看看书”“多学学”等摸不着边际的话来应付孩子，孩子听了也是云里雾里，倒不如明确地告诉孩子你现在该做什么，可以怎么做。如果有必要，不妨为孩子举个例子，做个示范。

教师应当牢牢记住：兴趣是教学的原动力，是使学生从“讨厌学习”变为“乐于学习”的关键。对教学者而言，应该遵循一个教育规律：只有在学生兴趣盎然的时候进行知识传授，才会事半功倍。

把“错误”当作重要的课堂资源

有位教育家说过一句话，大意是：课堂是允许学生犯错误的地方。可在现实的课堂中，许多老师并未做到这一点，一旦学生在回答问题的时候出现了错误，教师就会表现得极不耐烦。有的教师怕因学生的错误回答浪费了时间，会粗暴地打断学生的发言，立即请其他学生重新说；有的教师怕学生乱说打乱了正常的课堂秩序，会在学生话音刚落的时候就忙不迭地予以纠正；更有甚者，会干脆对学生的错误回答不置可否，甚至不给答错的学生下达“坐下”的指令，导致学生只能一脸尴尬地站在那里……凡此种种，都表明不少教师在教学中未能正视“错误”的作用，未能尊重学生犯错的权利，更未能将“错误信息反馈”这一“软性教学资源”正确利用起来。

我曾听一位老师执教“圆的认识”一课，一开始，这位老师让学生尝试用圆规画圆。画完后，老师展示了学生的一些作品，其中有的同学画得很规范，可有的同学画得很不规范，但这位老师并未对这些不规范的作品进行指摘，而是先让学生进行评价，看哪些画得好，哪些画得不好，并要求学生们推测“画得不好”的原因。学生们争先恐后地发言，有的推测是因为画圆时圆规那只带尖的脚没有固定好，有的猜想是因为画圆时圆规两脚距离发生了变化……当学生们通过自己的思考将原因分析得差不多了的时候，这位老师顺势抛出了最关键的问题：“你们认为画圆时应该注意什么问题呢？怎样才能画一个规范的圆呢？”这时，学习情绪高涨、思维活跃的学生们很快就总结出了画圆的方法，而那些之前画不好圆的同学也在这个愉快的过程中取得了进步。

这位数学教师对待学生犯错的处理方法就非常值得我们学习，他对错误不是一味否定，而是带领学生认真分析错误产生的原因，对症下药，帮助学生认识错误，这不仅“根治”了错误，而且提高了学生们的学习探索能力。

可惜，我们有许多老师不愿意对学生的错误回答多加关注，为什么呢？

一是担心浪费时间。他们会想，不是追求课堂的快节奏、大容量吗？学生出现的错误五花八门，如果一一去分析，岂不影响教学节奏，完成不了教学任务？为了顺利达成预定的教学目标，干脆回避错误、置之不理好了。

二是怕自己因此生气发飙。一旦课堂上有学生回答出错，自我情绪控制能力不强的老师就会气不打一处来：这么简单的题目，我又反复讲过，怎么还会出错！于是忍不住说出一些让学生难堪的话，尽管其出发点确实是希望学生能够学好知识，但一旦把控不好，便难免有些冷嘲热讽的意味。如果赶上班里有人听课，便更害怕听课老师会因此觉得自己不善教导，觉得自己班的学生学习能力不够强，基础不够扎实，说得越多就可能暴露越多，干脆立即制止，不让回答问题的同学在错误的道路上越走越远。

三是害怕驾驭不了。有些教师自身能力较弱，如果学生的错误回答超出了预设，老师容易失去驾驭课堂的自信心，往往会轻描淡写地告诉学生正确答案是什么，而不去组织学生深入思考为什么。这一心理直接表现为，当学生的回答出现了错误时，教师会立刻令其坐下再想想，而不给其进一步陈述理由的机会，有意忽略一些错误。

四是单纯重视结果。作为教师，内心渴望自己的学生不要犯错，这是一种非常正常的心理，在这种心理驱使下，比起错误的回答，老师肯定更关注正确的答案。然而课堂是应当允许学生出错的地方，学生是在不断犯错中获得成长的。当老师的关注点和学生的表现不一致时，老师会视犯错为阻碍教学的拦路虎，而只重视学生是否能掌握正确的答案，从而忽略了错误产生的原因，阻碍了学生进步。

课堂教学的意图就在于让不同的学生都得到发展，而相当一部分老师，往往更关注怎样使教学更顺利，没有以关注学生为核心。如果授课老师因为以上种种原因，在学生出现错误时，总是马上打断、立即纠正，甚至表露出不悦，久而久之，学生发言时就会形成心理压力，从而害怕发言，不敢大胆表述自己的想法。这样就很难达成相应的情感、态度、价值观培养目标，教师也无从获知学生思考的真实过程，对过程方法的指导也随之不能及时到位，学生最后很容易因模仿过多、思考不足，而导致难以扎实掌握相应的知识。长此以往，学生就会变成只会模仿不会创新的人。

其实，只要学生主动举手回答问题，至少能说明两个可喜的点：一是他在参与学习的过程，二是他正试图通过自己的努力来解决问题。只要是学生经过认真思考的回答，就总会带有一定的创造性，即使是错误的，也闪烁着其思维的火花。而教师的责任，恰恰就是去及时地抓住这些错误，使课堂教学进一步深入。

因此，正确对待学生错误的回答非常重要。

首先，要学会“积极评价”。对待学生错误的回答，大致有两种评价取向：一种是消极的评价取向，老师用冷淡、责怪的评价语句对学生的回答全面否定；另一种是积极的评价取向，即用柔性分析的话语指出错误所在及出错的原因，同时肯定正确的部分并予以鼓励。比如同样是面对学生的错误回答，采用积极评价法的老师往往会这样说：“你的回答很有趣，看得出来动了脑筋。不过要是按照给定的条件去思考会得出怎样的结论呢？”“没关系，再好好想想”“想好了再补充”“听听其他同学有没有不同见解”等。这样的回答，既明确无误地使学生知道了该回答是错误的，同时又保护了学生的自尊心，激发了学生的求知欲，营造了轻松愉快的课堂氛围。积极的评价语是抚慰学生的春风，能够有力地激发学生的上进心和创造欲望。从积极评价的角度看，即使是错误的回答也不是完全没有价值的，如果处理得当，错误也会发挥积极作用。因为积极的评价是建立在对人这一主体充分尊重的基础之上的，按照这一教育理念，教育者和受教育者的关系是平等的，作为主体，他们拥有同样的人格尊严。这也正是实施教育的一个基本前提。

其次，要学会“耐心等待”。当发现学生的回答有“越轨”的苗头时，不要一下子扼杀，要鼓励他们“言无不尽”，把想说的全部说出来，给足学生时间。这样不仅可以使学生保持着旺盛的求知欲，而且可以维护他们的自尊。如果学生已经发现了错误，教师就要给他自我纠正的机会，而不是一下子对其回答“盖棺定论”。值得注意的是，“学困生”也有强烈的自尊心，他们渴望得到尊重、理解和爱护。尤其是在课堂上答错问题时，如果一作答就立即受到老师的否定，那么他在整堂课上都会情绪低落，长此以往便容易产生厌学情绪。采取温和的、延迟性评价的方式进行教导，能够让学生重新找回自尊，也会对之后的课堂教学产生积极的影响。

心中有案，更要“目中有人”

我之前听过一个年轻老师的课。一节课的时间，他在讲台上忙活得浑身是汗，可台下的学生大眼瞪小眼，对他讲的内容一副不知所云的样子，教学效果非常不理想。下课后，他非常委屈，把自己的教案拿给我看，只见上面密密麻麻，写满了蝇头小楷，可见下足了功夫。可为什么却是这样的结果呢？我告诉他说：“在课堂教学中，一定要坚持做到八个字——心中有案，目中有人！”

构成课堂的要素有三个：教材、老师、学生。三者之间的地位变化直接影响课堂教学的效果。如果以教材为本，课堂上，教师就会成为教材、教参的奴隶，成为传声筒，而学生则会像一只只被填食的鸭子。而以老师为中心呢？学生就会成为台下的观众、听众、过客，甚至是“睡客”。无论是教材本位，还是老师本位，这样的课堂都忘记了教育的根本，忽视了教育的真正对象——学生。这是一种“目中无人”的课堂教学。

试想，如果一个教师站在讲台上，满脑子只有自己教案本上的东西，甚至把教案本举在眼前，按照课前安排的内容，“一步一个脚印”，沉浸在自我的世界里，完全看不到学生的欣喜或茫然，这样的教学怎么能奢求获得良好的效果呢？

因此，要想打造优质的课堂，必须学会时刻反思：我们的眼中有学生吗？当我们辛辛苦苦地查阅资料，详详细细地写出教案，在课堂上罗列出一二三四，把知识讲得可谓滴水不漏，学生却并不领情的时候，我们是否想到，正是由于我们只重视讲的严谨，却忽视学的规律，不能从学生学的角度科学地调整自己的教学方式，才使我们的教学走进了“误区”。我们的服务对象是学生，套用一个时髦的说法，说学生是“上帝”其实也并不过分。课堂上，教师是不应该置“上帝”于不顾的。因此，“目中有人”是教师必须具备的教学意识和教学习惯。

“目中有人”的关键是要准确定位师生关系。学生是课堂学习的主体，教师是学生学习的引导者、组织者，教学就是学生、老师、教材之间对话的过程。既然是对话，自然就要讲究平等，讲究交往和互动。要做到在课堂上“目中有人”，教师还要关注差异，主要是关注学习表现相对较差的学生。其实，造成他们成为“学困生”的原因尽管很多，但最主要的是

“懒”，包括思维上的懒和练习中的懒。作为学生“懒惰症”的首席治疗医师，教师如果愿意动一些脑筋，花一些时间，还是可以改变他们的惰性状态的。

如何才能算是“目中有人”呢？教师要学会特别关注以下内容：

1.学习准备的考量。学生是否会做课前准备？他们是怎样准备的？准备得怎么样？是否养成了做课前准备的习惯？教师不妨课前在班里转一转、看一看、问一问、停一停，如此，对学生的基础学情有了较多的了解，教学自然会更为有效。

2.学习动机的激发教师在教学过程中，除关注知识内容外，还要始终重视对学生内在认知动机的激发，要想方设法调动学生的兴趣和热情，让学习逐渐成为学生自我维持的过程。

3.学习内容的选择。到底要传授给学生哪些内容？是否照搬教材、不做丝毫调整就万事大吉了？显然，这样也会在无形之中忽视学生。我们应该时刻把握学生的基础和起点，以此为基本依据去选择、调整和重组学习内容。教材透析的深浅、内容的搭配、例题的选择，必要时都可以发挥教师的主观能动性予以改变。

4.学习方式的选择。同一个内容，选择何种学习方式，结果会截然不同。“目中有人”的课堂，教师会认真审视每一个教学行为的有效性和针对性，确保它们符合学生的心理特点、学习能力和学习习惯，如学生可以自主、合作、探究的学习时间应留多少？提供哪些平台？怎样确保有序进行？学习的质量如何？这些都是需要教师始终关注和思考的问题。

5.学生的主动参与。学生在课堂上主动参与知识探究，学习便会更有效，学生的潜能也能得到充分发挥。在这一过程中，我们需要时刻考虑：学生参与的时间、话题、过程、质量如何？教学设计、课堂气氛是否有助于学生表达自己的奇思妙想？学习目标的订立是否符合班级整体学习水平？是否关注了不同学生的需求？特殊（学习困难、残障、患病）学生的学习是否得到了关注？

6.特殊情况的处理。学生是一个充满创造性的群体，他们活泼机敏，也爱调皮捣怪，因此课堂上随时可能出现一些特殊动态，对此教师必须注意：特殊情况出现的苗头是否能够及时捕捉？对有利于教学进程和教学效果的情况是否给予了足够的关注，是否利用了这些情况去“点燃”学生群体的学习热情？对与课堂学习相悖的学生行为，是否及时进行了纠正和控制？

一言以蔽之，那种教师高高在上，滔滔不绝，完全置学生于不顾的教学行为，应彻底摒弃。

根据学的法子选择教的法子

学习是件动脑的事，要重视掌握思维方法，要学会靠自己去学习，这样，才能终身受用。

古今中外无数事实已经证明：科学的学习方法将使学习者的才能得到充分发挥，使他们越学越聪明，给学习者带来高效率和乐趣，并节省大量的时间。而不得法的学习，会阻碍学习者才能的发挥，使他们越学越困扰，给学习者带来无穷的烦恼，直线降低学习效率。由此可见，正确的方法能为我们获取成功提供极强的助力。

我国自古就重视学习方法的研究。最早的教育专论《学记》就相当精辟地论述了学习方法的重要性。《论语》也以相当的篇幅，记载了伟大教育家孔子关于学习方法的论述，至今对我们仍有十分重要的意义。一代宗师叶圣陶在从事教学和教育研究的过程中，始终重视研究学习方法，他终其一生都在为自己 “教是为了达到不需要教”的教学理念奔走呼号，这一教学理念所强调的，正是教师要在教学过程中让学生掌握学习方法，以达到不待老师讲、不待老师教，学生便自能读书。自能作文，自能在学海中泛舟采宝，获得知识宝藏的目的。

但是，就目前而言，“应试教育”的思想还紧紧束缚着一部分教师的教学行为。教师只重视知识，而轻视能力，只“授之以鱼”，而不“授之以渔”的现象还比比皆是，以至于我们的部分学生变成了所谓的“书呆子”，高分低能，不能适应现代社会的需要。

21世纪的人才，不仅应该具备丰富的知识，还要具有学习知识、运用知识的方法，这样才能不被社会所淘汰。这一点，所有教育工作者应努力转变观念并达成共识，由只重“教”向“教”“学”并重转轨，以适应社会的需要。

教育界流行着一句话：教的法子必须以学的法子为依据。这句话暗含了两层道理：一是学法指导虽有其独立性，但教学中的学法指导必须以相应的教学内容和教学形式为载体，实现教法与学法的有机融合；二是教师应根据学生学习的方法来确定教学的实施方案，发挥教材的“例子”作用，从中找出规律，总结方法，以达到传授学法、提高学生自学能力的作用。

无疑，“照葫芦画瓢”“照猫画虎”应成为学法传授的最主要的方式，“葫芦”“猫”即指教师示范的学法。教师心中要有“葫芦”有“猫”，并能将其像真正的画家一样一笔一笔地勾勒出来，让学生将每一个步骤、每一个环节都看得清清楚楚、明明白白。只有这样，学生才能有法可依，有式可参。如教学文言文，有的教师采用下列方法：一读，确定字音，读准节奏；二画，勾画难点，思考质疑；三释，由词及句，疏通文意；四述，展开想象，合理复述；五品，体会感情，“品味”特点；六背，加强背诵，深化理解。教师先以一篇课文为例，遵循“读画释述品背”的六字模式，采取“解剖麻雀”的方法，一步步给学生示范，然后放手让学生依照此方法学习其他文言文。这就是我们常说的“举一反三”，只有教师用“一”来讲清规律，来传授方法，学生才能获得启迪，从而独立“反三”，促使其学法迁移。因此，这给教师的教学至少提出了三点要求：一是要研究学法体系，对学法的内涵及外延有深刻理解；二是要将学法纳入教学内容，写入教案，并注明实施方式；三是要对所传授的学法及时总结、归纳，对学生掌握学法的情况及时反馈，以寻求学法教学的最佳效果。

学习方法与学习的过程、阶段、心理条件等有着密切的联系，它不但蕴含着对学习规律的认识，而且也反映了对学习内容理解的程度。在一定意义上，它是一种带有个性特征的学习风格。学习方法因人而异，一旦学生在教师的引导下逐渐寻找到适合自己的学习方法，学习将步入“佳境”。

让学生触摸到有温度的知识

有时候，我们的教师在课堂中教给学生知识时目的是过于简单的。这些知识用来干什么？就是来换取高分的。所以，为了最直接、最有效地达到这个目的，教师要做的就是将那些罗列在课本上的知识点条分缕析地摘录出来，“搬”给学生，让学生或死记硬背，或机械训练，以达到能够娴熟地应对考卷上那些五花八门的题目为止。在这个过程中，那些原本鲜活的知识变得枯燥、苍白、乏味，学生的兴趣也随之丧失殆尽。

一个高水平的教师，一定要学会给学生有温度的知识。何谓“有温度”？简单地说，就是这些知识是学来有滋有味的，是让学习者在学习、接纳知识的过程中能够消弭抵触情绪，而乐于接受，乐于探索的。

那么，如何让知识变得“有温度”呢？

首先，这取决于教师对学科知识的态度。知识本身是中性的，不附带任何感情色彩。但作为传承知识的教师，则必须传达出自己对所教授知识的鲜明态度。无论是痴迷，热爱，还是厌烦、反感，都应该传递给学生，这种传递本身就让知识带上了相应的感情色彩。试想，一个干巴巴朗读起《周总理，你在哪里？》的语文教师，如何能够将文本自身的魅力与情感播种在学生的心中？即使学生通过练习的方式，将诗歌的主题、感情色彩、写作特色掌握好了，考取了一个高高的分数，但对学生“这个人”的发展而言，又有何实际意义呢？一个优秀的教师要由衷地喜欢自己所教的学科，要在这片知识的领域中享受探索的乐趣，以实际行动让自己课堂上所要传授的知识，颜色明朗起来，形态柔软起来，深入学生的心灵。

其次，知识是否有温度，取决于知识与生活的关联度。知识与生活完全脱节，是当下课堂教学中常见的弊病之一。为什么我们培养出来的学生在知识的记忆、数量的计算等方面表现出极强的能力，但想象能力、创造能力、实践能力却很不足？其中一个很重要的原因就是，我们的知识教学是脱离了生活情境的。仅就知识本身而言，学生看似掌握得很好，可一旦要还原到生活的复杂情境中去利用这些知识，学生就变得手足无措了。也许完成试卷上的电学试题学生得心应手，但让他们在家中安装一只灯泡，很可能就无从下手。强调情境教学，其实质就是强调教师要想方设法地把教材上那些孤零零的、抽象的知识与学生实际的生活建立种种联系，让学生从错综复杂的生活层面来理解知识的内涵，来体会知识的意义，这样的知识教学才不是与生活硬生生割裂开来的。人们常说“学以致用”，学完的知识如果被轻易搁置，在实际生活中没有任何用途，学生是不会喜欢的。譬如，为什么很多学生不喜欢学习英语？道理很简单，学生除了在课堂上用到一点点英语之外，一下课，没有这样的语言环境，那些东西就变得毫无意义了。因此，一个英语教师就要想，如何将这些内容延伸到课外。假定英语老师在课下仍然要求学生们跟自己用英语交流，假定教师有意识地开设了英语角、英语沙龙、英语晚会等活动，假定教师与某些外籍机构建立了适当联系，让自己的学生与外国孩子有适当的书信交流或其他类似的活动，那么学生们就会觉得，学习英语还真是有用啊。这时候知识就有了温度，学生学起来自然也就有了内在的动力和热情。

最后，知识是否有温度，还取决于教师对学生学习内容的选择。我们都知道多元智能理论，这个理论说明，在人的先天素质中，的确存在着智力上的差异。每个孩子都是独一无二的，都有其聪明之处，也都具有在某些领域成才的潜质。没有人是全能的，但也没有人是“全无能”的。这就让教师面临着一个两难的选择：是引导孩子发展“所长”还是修补“所短”？我们在现实教学中要求学生科科都达到优秀的做法显然是在“补短”。这种做法，往往就是让学生硬着头皮去学习自己毫不感兴趣的知识，最终让学生产生反感甚至抵触情绪。就一个人的发展而言，显然是让其发挥特长更利于他成才。因此，在知识教学中，应该主张在学生达到“合格”的基础上，尽力发挥自己的长处，在某个自己擅长的点上寻求更大的突破。不要硬逼着那些可能成为作家的孩子去死啃数学，也不要强迫一个在数学上能力超常，极有可能成为科学家、会计师、统计学家、工程师的学生去弹钢琴、学唱歌。只有教师的“给”和学生的“需要”和谐统一了，才容易实现人的和谐发展，这时候，教师手中的知识就变得温润可爱，而非面目可憎了。

赋予课堂“安全属性”

工作三十多年来，我听过几千节课，我发现了一种很奇怪的现象：许多教师自身的专业素质非常过硬，学科教学能力也很强，但课堂效率却很低，教学成绩也不理想，这似乎很难解释。

在涉足心理学后，这个问题的谜底逐步被揭开。这些课堂之所以效率不高，很大程度上在于没有给予学生足够的“安全感”。没有“安全感”的学生是紧张焦虑的，他们不太敢表达自己的观点，总是在“察言观色”，揣摩教师的答案，等待教师的肯定。他们的讨论、思考、表达都在“不安全”的氛围中变得流于形式，最终狭窄化、趋同化。当学生的表达被压制，思想被限制，课堂效果理所当然就会被抑制。

我曾提出课堂建设的“安全属性”，强调的是，要在课堂上给学生提供一种稳定的、放松的、愉悦的、积极的、开放的心理环境。主要外在表现为：学生能无所顾忌地发表自己的见解，而不担心被讥讽、被指责、被批评；学生能积极主动地参与自我探究、小组合作、交流分享，而不感觉到紧张、自卑、孤独；学生能感觉到师生、生生关系的和谐，而没有任何沟通交流的心理障碍；学生时常能体会到自己被尊重、被重视，而没有被伤害、被冷落、被歧视的感觉；学生能真切感受到学习的乐趣和生命的意义，而没有痛苦感、乏味感；学生能在学习过程中尝试、冒险，而不怕失败、无所畏惧。

在这样的情况下，课堂氛围融洽，积极向上，学生的精神生活丰盈，学习能力也更强。学生产生了积极情绪，才会愿意探索，才能培养出真正的创新意识和创造力。从这个角度讲，“安全”的课堂，比那些充满“技术”“素养”的课堂更有意义。

但现实中的许多课堂，仍然做不到这一点。在我看到的课堂上，学生沉默、紧张、恐慌、自卑，甚至掺杂着教师体罚和语言冷暴力的，并不少见。我们必须承认，在任何一所学校、一个班级，都会有一部分学生因为学习基础、自身能力、个人努力程度，甚至家庭背景、身体健康状况等复杂的原因，在学习上落后于他人。在我看来，一节课传授的知识再多、再快、再高效，如果有学生因为成绩不理想或个性方面的一些原因，而处于一种尴尬、羞愧、自卑甚至是压抑的学习状态中的话，如果有学生面对老师的提问面红耳赤、语无伦次、低头不语，或者回答问题时如履薄冰、胆战心惊的话，这样的课堂绝对算不上安全课堂，也算不上有效率的课堂，更别说什么优秀课堂了。

为什么要把“安全”的课堂生态放到这么重要的一个位置上来看待呢？脑科学研究表明，在安全的环境下，人脑能够更有效地接收信息，快速反应，学生学习的主动性与创造性更加强烈，思维更加活跃，理解与记忆更加准确，学生更加敢说、敢疑、敢问、敢写、敢演，这些无疑都是构成高效课堂的基础和条件。

我们主张建设安全的课堂生态，不仅仅是为了提升课堂的效率，还有着更深层次的教育价值判断。

人活着，都有一种被认同、尊重、理解，以及自我实现的需要。中小学生也不例外，甚至表现得更加强烈。参与到课堂的活动中，而不是被“视而不见”；在课堂中的思考被人接纳，而不是惨遭训斥、“大棒”痛击；与同伴之间和谐交流，而不会被嘲笑。这些，是学生的权利，更能给学生“生命在场”的体验。这种体验，将极大地促进学生的身心健康。在安全环境下成长的人，更宽容，社会交往能力、情感体验以及认知能力都更强。这一切都指向人的生命质量的提升，因此，安全课堂本身就具有很高的育人价值和发展意义。

不得不说，应试教育给“安全”课堂生态的构建制造了巨大的阻碍。不少课堂教学演变成了一种背离育人规律的活动。有的课堂忽视了教育的生命特性，致力于塑造高分状元、考试能手，而不是致力于把学生培养成具有人格魅力、心智健全、个性鲜明、能力出众的人。这样的课堂是不安全的，也是非生态的，这种非生态性很有可能造成教育的畸形发展，使学生个体的差异性被忽略，学生的个性发展遭到压制，最后将原本应该充满生命气息的精神交流场所，变成可怕的、令人窒息的“困顿迷宫”。

我们知道，生态系统的核心原理就是联系和共生的原理。

就如同自然中的生态系统一样，具有安全特性的课堂，也应该是教师、学生及课堂环境等诸多要素的动态组合、联系共生的结果。其中，“师”和“生”作为最重要的两大要素，对课堂的生态状况起着决定性作用。

为了守护这种教学生态，我们应该做些什么呢？

第一，强调教师保持倾听，遏制教师的话语霸权。教师不要扮演“权威”的角色，而要了解学生的真实想法、理解程度和表达水准，要学会放下架子，专注、耐心、主动地听，即便是学生的表达有缺陷，也不要随意打断他们的发言。好的倾听者要始终保持平和，对发言者保持尊重和理解，而不是急于评价发言者的观点或提出自己的建议，要向学生展现出真诚、肯定和无条件的尊重与接纳，让学生感觉到安全。

第二，强调学生的展示，减少教师的自我发挥。要把“学生展示”作为课堂的重要环节。教师要理解和宽容学生在学习场所的各种表现，充分尊重学生，转换自己的角色，保护学生的积极性，把学生当作成人来尊重。那些在成人与成人的交往间不会做的事情，在课堂上也尽量不要做，如此营造出来的平等的氛围，才能够让学生感到安全。

第三，强调气氛的愉悦，控制非正义的课堂行为。教师要尊重学生的选择，尊重学生的不同见解，要营造一种相互请教、相互帮助的氛围，促进学生之间的相互接纳。教师必须具有正义感，要能够抵制课堂上学生之间的各种伤害，包括嘲笑、言语伤害甚至身体伤害。

第四，强调座位的编排，改变非生态的组织形式。可改变

“秧田式”座位编排形式，代之以开放的“月牙形”或“马蹄形”、“圆形”或“环形”、会议型、小组型。通过面对面甚至肩并肩交流，促进师生、生生之间思想的交流，拉近教师与学生、学生与学生之间的距离，消除彼此在心理上和空间上的隔阂，促进课堂中多元社会交往活动的开展，让整个课堂成为一个具有生态性的，相互依存、平等共生的“学习共同体”。

我们对课堂的关注需要立足于更具生命活力的有机和生态的视角。学习首先是一种心灵活动，其次才是一项智力活动。在那些可以无拘无束地思考、质疑和表达的课堂上，学生能够感受到被尊重、被接纳的愉悦，自然也就能在这个安全感满满的环境中学会接纳、尊重、善待他人。

由管制课堂到服务课堂

千万不要认为教师的工作就是把课本上的知识输送给学生，正所谓“没有规矩，不成方圆”，绝大部分老师都能做到认真备课、认真上课，但未必都能建立好课堂常规。这是因为在部分教师的潜意识中，根本没有注意到训练学生的学习规范，帮助其形成必要的学习习惯的重要性。在传统教育教学观念与现代教育教学观念的对峙和冲突中，部分教师放弃了“秩序”，这使得课堂教学走向了另一个极端——课堂秩序混乱，教学质量低下。没有限度、规则、秩序造成了课堂上的“无政府主义”，如此情形，又何谈提高教学效率呢？

课堂常规的内容很多，需要我们循序渐进地落实，教师不妨在学校要求的基础上，制定自己班级的课堂常规。譬如，一位青年教师在自己的课堂上提出了如下的要求：

1. 预备铃响后，立即进入教室安静坐好（课间准备好上课用品）。

2. 课上不换座位、不离开座位，不随便出教室。

3. 迟到要先喊报告，经老师允许后方可进入教室。

4. 上课坐姿端正，专心听讲，积极思考，认真记笔记，做好课堂练习；听课时要目视教师。

5. 上课不吃零食，课桌上不摆放任何与学习无关的东西。

6. 提问题时先举右手，经允许后再发言，回答问题时要起立，得到老师允许后再坐下。

7. 下课时将桌上的东西收拾干净。

这些要求看起来并不复杂，比如“听课时要目视教师”，这对提高学生的专注力以及教师透过学生的眼神了解学生的学习状况很有好处。但是，需要教师反复要求、反复强调才能落实。我们不能以为规矩立下了，跟学生说明白了，就可以一劳永逸。要想真正形成习惯，还需要教师在较长的一段时间内不放松，时时监督提点才行。除了学生必须遵守的一般规矩外，也可以训练学生适应某个教师特色的课堂常规。这样，当学生来到张老师、李老师的课堂上，就可以更好地配合教师的教学行为，懂得在什么情况下该如何做，不该如何做，并做好相应的物质与精神准备，做到“训练有素”。

但在课堂常规的实施中，也有不少教师出现了理解上的偏差，把常规管理当成了一种绝对控制的手段。我见过有的老师，为了让自己的课堂变得更“规矩”，一下子弄出几十条，甚至上百条常规要求公布给学生，让学生根本无法适应，从而产生了抵触情绪。这应该引起我们的反思：课堂管理的目的究竟是什么？

周彬教授认为课堂管理有两个核心：一是避免发生或者消除影响班级有序学习的事件，简称维持课堂秩序；二是通过合作学习形成班级合力，在整体上提高学习效率，简称为促进课堂合作。

可见，课堂常规的存在，是为了促进而不是扼制良好课堂生态的建设。课堂常规产生实效的关键，在于引导学生明白自己在课堂上该做什么，不该做什么。教师应该就自己的课堂规范，和学生进行广泛的交流，达成共识。如果习惯于简单地把规则告知学生，并强硬地执行，只会因为学生的“不理解”“不接受”而处处遇阻。教师需要在规则背后看到人，学生是有思想、有头脑、有个性、活生生的人，他们并不是任教师摆布的“玩偶”。因此，常规管理一定要发挥学生的能动性，例如，“课堂上不准随便说话”，为什么不能随便说话？应该如何去做？规则背后的东西，要让学生了解其意义，这样才能由“被动接受”转化为学生的自觉行动。

在日常教学中，一想到课堂管理，很多老师都会想到如何“制伏”那些上课时调皮捣蛋的学生。以为有了规则，就有了依据，因此可以简单地照章办事。我想说，真实的情况要比想象的复杂得多，我们的教师要变得“聪明”一些，要特别注意那些行为上有“问题”的学生。因为一旦让他们成为教室里的焦点，就会让他们获得“成就感”，进而得寸进尺，那么课堂就极有可能变成调皮学生和老师之间的战场，其他孩子则成了这场战争的观众。一旦陷入这样的境地，这节课也就偏离了教学的目标。教师正确的做法是：低调处理，不“硬碰硬”，甚至暂时搁置。这并非教师的无能，相反，主动“示弱”，往往是教师具有“大智慧”的体现。

因此，教师要努力让课堂管理的出发点实现从“管制”到“服务”的转变。要知道，没有任何一个学生真的想扰乱课堂秩序，他们往往是由于没有信心，或者长期处在被人瞧不起的压抑情绪中，才会找机会爆发，找办法吸引注意。他们所缺少的，不是厉声的训斥，而是真心的帮助。在课堂上，教师要适时关注那些特别的学生，多在他们身边转一转，朝他们点点头、笑一笑，突然间叫一下他们的名字来提醒他们要认真听课。假如在提问环节他们积极举手了，尽量给他们机会，让他们在课堂上找回一点点自信，久而久之，也许这些学生就会被我们的课吸引，从而开始积极地参与其中了。

“服务”的意识到了，“人”在课堂中出现了，课堂教学就自然会进入正轨，课堂常规也将随之真正落实。

本章小结

√ 教师需要将课堂教学视为一个赋予学生力量的过程，唯有如此，课堂教学才不单纯是为“传授知识”而存在，其教学目标、教学策略、管理方法，才会被教师赋予新的意义，课堂才会成为激发师生生命活力的幸福之源。

√ 每一节课，教师都要努力地去挖掘更丰富多彩的生命活力；每一节课，都要为自己的生命添上与众不同的色彩。如此，才会达到师生双赢：教师乐其所“教”，学生乐其所“学”；“教”有付出的快乐，“学”有收获的快乐。

√ 快乐的课堂能使学生的个性得到充分张扬，使学生在享受精神愉悦的同时，身心得到健康、和谐的发展。

√ 充分的课前准备能使我们每节课都从容淡定、谨慎专注，长此以往，我们的自信心就会越来越足，这也有助于我们更快地形成自己独特的教学风格。

√ 非要强求一堂课在各个方面都“完美无瑕”，反倒容易让课堂失去创意，变得千篇一律。如此，又如何能够使课堂生动有趣，收获一些美丽的“意外”，发现一些别样的“风景”呢？

√ 学生能否对你任教的学科产生兴趣，很大程度上取决于你如何引导。

√ 从积极评价的角度看，即使是错误的回答也不是完全没有价值的，如果处理得当，错误也会发挥积极作用。

√ 当我们辛辛苦苦地查阅资料，详详细细地写出教案，在课堂上罗列出一二三四，把知识讲得可谓滴水不漏，学生却并不领情的时候，我们是否想到，正是由于我们只重视讲的严谨，却忽视学的规律，不能从学生学的角度科学地调整自己的教学方式，才使我们的教学走进了“误区”。

√ 教师心中要有“葫芦”有“猫”，并能将其像真正的画家一样一笔一笔地勾勒出来，让学生将每一个步骤、每一个环节都看得清清楚楚、明明白白。只有这样，学生才能有法可依，有式可参。

√ 何谓“有温度”？简单地说，就是这些知识是学来有滋有味的，是让学习者在学习、接纳知识的过程中能够消弭抵触情绪，而乐于接受，乐于探索的。

√ 学生产生了积极情绪，才会愿意探索，才能培养出真正的创新意识和创造力。从这个角度讲，“安全”的课堂，比那些充满“技术”“素养”的课堂更有意义。

√ 教师需要在规则背后看到人，学生是有思想、有头脑、有个性、活生生的人，他们并不是任教师摆布的“玩偶”。

第二章

课堂的互动之道

——教学要为学生提供发展的机会

互动课堂的生态特征：师生关系平等、民主，形成真正的学习共同体，互教互学，提高课堂效率，使教学最优化，创造性地实现教学目标。

课堂教学要追求“和而不同”

某教师上公开课，结果很不理想。一整节课，全班的学生几乎都低垂着头，一言不发。任凭老师磨破了嘴皮子，极尽启发、诱导之功，可惜，学生们还是“启而不发”。偶尔有一两个学生被点名发言，也是吞吞吐吐，口齿不清，生怕答错了……

课后，该教师非常郁闷，跟我抱怨说：“学生没见过世面，太紧张了，真给我丢脸。”等她冷静下来，我帮助她分析学生不说话的原因。我告诉她：“我认为，你的学生之所以不敢说话，并不是‘紧张’那么简单。你仔细想想，在平时的课堂上，你的学生能够畅所欲言吗？是不是学生在回答问题之前有所顾虑，生怕答错了、答不好引起老师的反感？这是不是由于平时你在课堂上没有营造出一个宽松的环境，所以才导致了学生不敢发表自己的观点？”

我之所以有这样的判断，也是出于经验。我们的课堂教学改来改去，仍然没有改变以知识的积累和教师的讲解为主的状况。“一言堂”“满堂灌”，用标准答案束缚学生思维的现象比比皆是，偶尔有“大胆”的学生发表一点富有个性的、另类的看法，往往会立刻遭到“铁面无私”的教师“迎头痛击”。某中学举行语文期中考试，某同学以《草菅人命》为题作文，激烈地抨击了现行教育的弊端。其观点很尖锐、前卫、另类，个别段落甚至颇为偏执，与主流思想背道而驰。阅卷老师给出的作文评分为25分（总分为60分），并在很多地方用红笔打了波浪线，批了四个大字：自毁前程。随后，他遭到了班主任停课、写检查等一系列处理。

自然，这位同学的言论并非完全正确，部分言论确实失之偏颇；阅卷老师及其班主任的应对方式也并不能代表整个教师群体，但我们仍能将这作为一个很好的案例。“学生一思考，学校受不了；学生个性强，老师就慌慌”，这恐怕就是当前学校教育的一大怪状。所谓“自毁前程”的批语，无非是这位教师认为该生的作文在揭学校之“短”时的独立思考触犯了师道尊严，让老师和学校大失颜面。而在课堂上，类似的例子也不鲜见，教师提前准备好的标准答案是不容置疑的，当学生对某些观点有了疑问的时候，有些教师往往不是保护创新的萌芽或耐心为学生释疑，而是劈头盖脸“一棒子打死”。

显然，这样的做法极大地束缚了学生的主动性、积极性、创新性，在一定程度上扼杀了人的个性，限制了学生的想象力和创造力。长此以往，还要求学生来跟教师“一唱一和”，岂不是奢谈？

孔子言：“君子和而不同。”意思是要承认“不同”，在“不同”的基础上形成“和”，即和谐、融合，才能使事物得以更好的发展。这个世界本来就是一个“和而不同”的世界，“和而不同”既是自然规律，也是处世哲学，当它进入我们的课堂，就成了一种宝贵的教学智慧。

简单来说，“和而不同”的课堂，就是指师生能够相互启发，自由言说，每个人的思想都能够充分地表达，创新思维能得以锻炼，精神境界能得以升华的课堂。在那里，教师不是扼杀学生“奇思怪想”的刽子手，而是精心培育、细心呵护“创新火花”的保护神。

教师的职责在于“传道、授业、解惑”，老师向学生传授知识的过程，也是一种思想交流和观念碰撞的过程。这就要求教学中不能搞统一标准，不能用统一模式，不能只有一个声音，更不能像标准件生产车间那样，丝毫不差地将学生制造成同一“产品”。教师要鼓励学生展开想象的翅膀，翱翔在思维的世界中，不断地迸发灵感的火花，进而促进学习质量的提高。

当然，一说起这些，很多老师必然是满腹苦水，必然把矛头指向应试教育。的确，似乎真正剥夺学生生活乐趣的罪魁祸首，就是愈演愈烈的应试教育。学生背负的压力与苦恼，都能从应试教育中找到答案。学生们一心只想考高分，部分家长、部分学校片面追求升学率、录取率，教师自然要“重教书、轻育人”。加上考试命题缺乏开放性，偏重于依赖标准答案，哪个教师敢标新立异，置“标准答案”于不顾，也就等于不顾自己的“教学成果”。于是乎，“标准答案”被堂而皇之地搬上了大屏幕，抄到了笔记本上，灌进了学生的大脑里。如此种种，只为换取一个高分而已。以此为背景，全班“四五十颗脑袋长在教师一个脖子上”的调侃也就有几分道理了。

这样的“借口”看似不容置疑，就像有的老师慨叹的一样：天不变，道何以变啊！

果真如此吗？其实，“我的课堂我做主”，当然，妄求一个普通的教师去改变现存的一些教育弊端太过理想，但他也应该看到，这类状况的存在并不能代表我国教育发展的大方向，他完全可以不去随波逐流，完全能够凭借自己的努力，营造一个宽松、宽容的课堂。在这个课堂里，允许不同声音的存在，允许为真理而发生的冲突的存在，师生在积极的冲突中，寻求着更高层次的和谐，这种和谐将成为一种力量，打破“一言堂”，启发学生的思维，使每一个学生的头脑都迸发出不竭的创意，课堂教学的质量自然也就水涨船高了。

如果一味满足于在“一潭死水”中“孤军奋战”，“万马齐喑”时唱“独角戏”的场面，早晚会让你的课堂“病入膏肓”、无可救药！

把控好“自学环节”

在新的教学理念的指引下，“自学环节”被普遍引入教师的教学流程。不过，何谓“自学”，自学环节究竟该如何设计、如何实施，却是见仁见智的事。于是，一些披着“自学”外衣但无“自学”内涵的教学行为堂而皇之地进入了课堂。

某教师上公开课，课至中途，他严肃地说："学习是自己的事，不仅要学会，更要会学，这节课我就给同学们提供一次自学的机会，请大家一定要抓住，下面就请大家自学课本内容，好，开始。"学生们纷纷打开课本，低头看书。几秒钟后，教师说："自学的关键是认真思考，光读课本是不行的，还要开动脑筋，这样收获才会更大，而且学习态度也很重要，希望大家要认真一些。"学生继续看书，教师又说："咱们学的这个内容是中考的重点，丝毫马虎不得，大家在自学过程中也可以和同桌讨论一下，这样会让大家掌握得更扎实、更牢固。"5分钟之后，教师大声叫"停"，重新回到原有的授课思路上，开始了滔滔不绝地"灌输"，至于刚才的"自学"情况，到整节课结束也再未提及……

这能算是真正的"自学"吗？既无自学目标的确定，也无自学方法的指导，更没有对自学结果的检验，学生在整个过程中都是"丈二和尚摸不着头脑"，迷惘、混沌、无所事事，时间被白白浪费了。

仔细审视课堂教学中形形色色的"自学环节"，大致存在以下不足：

一是无明晰的自学内容，或者自学内容过多、过繁，学生无所适从。要求学生自学，但自学教材的哪部分内容、哪些段落，思考和解决哪些问题，达到什么目的，学生一概不知，这样的自学就失去了方向，"无的放矢"，效果自然不好。相反，有的教师走向了另一个极端：不是自学吗？那好，我在大屏幕上密密麻麻地列满自学提纲，让学生自学。但是这样做的结果又是什么呢？学生只会觉得眼花缭乱，无从下手，在短时间内，不要说通过自学完全解决这些问题，甚至能否读清题目都要画一个问号，这样的自学内容设置显然也不合理。那么，如果一节课需要自学的内容比较多怎么办呢？我们其实可以考虑进行分解，将一个大的自学环节划分为两三个或三四个小的自学环节，使每一次自学相对独立，如此，自学环节才能发挥其应有的效果。

二是自学时间不合理。第一种表现是没有明确的自学时间，教师对学生完成自学内容所需的时间没有一个预判，一进入自学，课堂就完全处于“放羊”状态。即使大部分学生已经完成了自学的要求，无事可干了，教师仍不结束自学环节，致使课堂结构松散，学生疲沓、懈怠、注意力涣散。第二种表现是自学时间过短。教师布置了具体的自学任务，但学生刚刚静下来开始读书，甚至还没有进入自学状态，教师就沉不住气了，马上开始提问。这样的做法直接导致了自学环节的“流产”。因此，教师要根据自学内容的多少与难易，以及学生的实际水平，给学生一个明晰的自学时间要求，让学生在这个时间里集中精力，“像考试一般专注”地完成自学任务，保证教学的高速运转。

三是无法保证有安静的自学环境。自学，立足于学生的独立思考，因此，自学必须有相对安静的环境，这样学生才能真正进入独立思考的状态。有些教师要么不能在自学环节进行前将要求说清楚，学生开始自学了却不断提出要求；要么就是沉不住气，总是不放心学生，絮絮叨叨，百般叮咛，打断学生的思路。以上两种做法，虽然都美其名曰“自学”，但在这种环境中，学生无异于课堂上的傀儡，根本没有学习主人翁的地位，显然不可取。在自学过程中，我们必须保证给学生留出一段相对独立的“静默”时间，教师不要说话，不要板书，甚至不要频繁走动，以免扰乱学生的思维。另外，自学伊始，千万不能让学生讨论，因为不以学生的独立思考为基础的“讨论”也只会是一场空。

四是缺乏明确的自学要求。采取什么样的自学方式？学生得到的自学成果如何呈现？是写在笔记本上、批注在课本上，还是在大脑中进行加工？自学结束后，教师将采取什么样的方式对自学情况进行检验？是学生回答问题、小组讨论，还是进行书面的检测？这些要求，在自学开始前就要明确地告诉学生。这样，学生在自学过程中就会有方法、有依据、有方向。像前文案例中所提到的那位教师，虽然安排了自学，但自学之后，教师却按部就班地讲课，丝毫不去过问学生自学的情况，那以后学生自然会忽略这个环节或者马马虎虎地进行这个环节，使自学成为一个“空壳”。因此，我们需要记住：只有给足“自学成果”展示和交流的时间，才能真正激发学生的自学热情。

自学环节力求“授之以渔”，对提高学生学习的主动性，修炼其学习素养至关重要。只要坚持“四定”——定内容、定时间、定方法、定要求，严格将其落实于学生的每一次自学，教学的效率就会大大提升。

设计好学生的自主学习方式

说起“自主学习”，每个教师都能说出一套来，为了表明自己不落伍，在课堂上千方百计都要摆弄出一些让学生“自主学习”的样子来。但是，“自主学习”不是一个空洞的概念，我见过不少教师不管教材内容是什么，不管难易程度如何，千篇一律、换汤不换药地在课堂上使用自己所谓的“自主学习”方式，似乎找到了提高课堂效率的“万能钥匙”。

其实，教学问题远没有这样简单，对如何开展“自主学习”必须加强研究，教师必须根据不同的教材内容的需要，选择适宜的方式，“自主学习”才不会是走过场，图热闹。

从教学内容分析，大致可分成以下几类情况：

第一类是比较浅显的，学生自己能够学会的。一般情况下，教材的编排总是由浅入深、循序渐进、螺旋式上升的。教材中总有一些内容相对比较简单，依据学生的学习基础和学习能力，完全能够自己掌握。对这部分内容，教师一定要坚持原则：坚决放手，由学生自学完成。这就涉及一个“相信学生”的问题。为什么我们在教学中一边高喊着让学生“自主学习”，一边却又乐此不疲地进行“满堂灌”呢？其根本原因就在于，我们不相信学生能够自己学会这些知识，这种“不相信”的心理一作祟，教师自然就不敢放手了，以为只有自己的“精雕细琢”“倾力讲解”才能让学生掌握。姚世敏老师在《让课堂说话——教师的宣言》一书中表达过这样的意思：在备课时我们应努力做到：凡是学生自己能够探索得出的，教师绝不替代；凡是学生能够独立发现的，教师绝不暗示。

试想，如果每个教师都能坚持这两个“凡是”，课堂教学中的自主学习必然就会落到实处了。当然，对内容比较浅显、学生能够自学的部分，教师也并不是彻底“放羊”，不闻不问，而是要强化学生自学的过程，对自学内容、自学方式、自学时间、自学结果的呈现等拿出具体方案，确保在一个完整的自学过程中，学生既掌握了该学的内容，同时也提升了自学的基本能力。“一箭双雕”，使自学环节产生最大效益。

第二类是新旧知识有直接联系，学生能够从旧知识引发对新知识的思考的。任何事物都有普遍的联系，学生所要掌握的大部分知识，都与原有的知识基础有关联。所谓的学习，通常意义上就是从旧有的认知水平、能力水平引发出对新知识、新能力的理解和获得。设计学生的自主学习，必须善于利用知识的迁移规律，找准新旧知识的连接点，诱导学生利用旧知识去学习新知识。这个过程中的自主学习，主要体现在于旧知识的温习和巩固中为新知识铺路。譬如，数学中要学习“一元二次不等式方程组的解法”，其关键点在于学生需要熟练掌握一元二次不等式的解法。在教学过程中，教师可以要求学生以组为单位，相互命制一元一次不等式的练习试题，并在解题过程中相互帮助、解决疑难，这就为新知识的学习奠定了基础。再如，语文课学习文言文中的重点实词的解释，教师可以要求学生先回顾原有课文中曾经接触过的同样的“词汇”，回想其意义、用法，与之进行比较，在这个过程中，强化对新知识的认识。这样的学习方式，不仅能提高学生的学习效果，更重要的是，有助于逐渐训练和养成学生自觉对知识进行“比对”和“系统化”的良好的思维习惯和思维方式。

第三类知识是相对抽象，不易理解和接受的。在教学中，有部分知识相对比较抽象，例如化学中的“物质结构”、物理的“功”和“能”，生物中的“微生物”，地理中的“读图”训练，等等。对这部分知识，如果只凭借教师单向的讲解和灌输，即使表达得再明白，学生也不容易掌握。在学习中有一条规律：在获取知识的过程中，一个人的感官参与度越高，学习效果就会越好。因此，对这一类知识，最重要的自主学习方式就是动手操作。通过让学生观察模型结构、动手实验等方式，将抽象的知识具体化、可感化。这对降低知识的难度有非常明显的效果。有些教师总是懒于让学生动手，因为需要准备器材，课堂操作起来相对麻烦一些。这样的做法显然不可取。

第四类知识是难度相对较大，依靠学生个人无法掌握的。教材中总有一些难点内容，这些内容完全依靠学生独立自学、掌握，对相当一部分同学而言并不现实。这时候就要将自主学习的方式设定为“合作”，通过学生群体的智慧和力量，来解决看似难以解决的难题。互助学习、合作学习，已经成为课堂教学的常态。但千万要注意的是，不能让合作流于形式，要追求合作学习的形式和良好学习效果的统一。首先要注意合作学习的内容，对那些难度不大、无须合作的，坚决摒弃合作学习的方式。其次教师要指导学生的合作学习，在小组合作中，学习的内容、目标、要达到的效果事先确定清楚，合作学习的时间、方式以及每个人的职责和注意事项也要交代清楚。此外，在学生合作学习的过程中，教师也要认真找准自己的定位，一是不能随便打断学生的交流，二是要及时深入学习小组，了解学生的学习状态，以便及时点拨或调整后续教学思路。这样，才能确保将合作学习落到实处。

用交流和展示激活课堂

学生课堂主体地位的大幅度提升，最鲜明的体现就是学生摆脱了完全被“灌输”、被“学习”的位置，拥有了更多的自主学习、自主探究的时间和机会。学生在教师的引导下，逐步开始对教材内容展开富有个性化的解读，并能够独立思考和解决自己力所能及的一些问题，进而产生教师“耳提面命”所不能达到的教学效果。

但观察我们的教学实效，似乎仅仅如此，还远不能达到真正理想的课堂境界。学生自学了、合作了、探究了，之后呢？是不是可以简单地以此来认定这就是学生的课堂了呢？事实并非如此。在课堂中，很多老师忽略了学生自学、讨论之后的后续操作，往往不太注意对学生自求自得的成果的展示与交流。换句话说，学生绞尽脑汁得到的极富个性的见解并没有获得对外“发布”的机会，即使教师设置了交流和展示的环节，也往往是蜻蜓点水、浅尝辄止，稍一放手便又被老师迅速“大包大揽”过去，致使学生的创建性意见“胎死腹中”。

问到原因，教师往往表示无奈：没有那么多的时间啊！

这个回答似乎无可挑剔：学生的展示、交流，真的需要花费较多的时间，如果学生水平很高还好，要是水平差一些，总也说不到点子上，甚至在错误的观点上兜圈子，岂不是费时费力？这哪有教师直接公布“正确答案”来得干脆？可仔细想想，问题就暴露了，这不是又回到“满堂灌”了吗？在教师的意识系统中，又遵循了“只有讲过才可能会”这样一个所谓的“真理”，如此教学，只能被称作“假民主”“假尊重”“假主体”吧？更何况，我们不难想象，如果学生表达的欲望一次次被老师扼杀在摇篮之中，等下次再要求他去自主学习、自主探究的时候，谁还能保证他会有热情呢？

因此，课堂上要把“交流和展示”自学的成果作为一个非常重要的环节，摆到显著的位置上来，要用足够的时间和精力去做这件事，这样才能保证自学产生预期的效果。

首先，学生在经历了独立的探究、小组的合作学习之后，精神处于高度兴奋之中，他们或许有了独到的见解要与人分享，或许有了合作的成绩要向其他小组宣扬，通过“交流和展示”，便能够满足这样的表现欲望。教师要善于从学生的交流展示中寻找闪光点，哪怕是小小的成功，教师也要敏锐地捕捉到，让每一次交流都伴随着激励，伴随着学生个性的张扬和才能的施展，这对培养学生的自信心和激发学生的学习热情至关重要。

其次，学生在自学探究和合作学习中，不可避免地会遇到疑惑，这些学生凭自身力量难以解决的“难题”，如果仅靠教师“讲授”，未必能够“药到病除”，因为还有许多隐藏的小问题，是教师所未曾察觉的。而交流和展示的过程，正是暴露问题的过程。一个人无法解决的，就拿到集体中来研究解决。如果学生群体也无法解决，教师再去讲解也不晚。有的老师之所以不愿意开展学生的交流和展示活动，就是因为觉得学生的结论中错误太多。其实，课堂中的“错误”本身就是一种宝贵的财富，如果能借此找到学生犯错的根源，找到学生的迷惑之处，自然会对学生掌握新知识产生巨大的推动作用。

在山东杜郎口中学，这种课堂的“交流和展示”被推崇到了极致。学校提出的教学主张是“先学后交”，“交”就是指“交流”。他们课堂上的情景，绝对会让初次感受的人瞠目结舌：教室里没有讲台，三面墙壁上都是黑板；课堂上完全打破了传统的教学秩序，没有一个学生坐在自己的座位上原地不动，热情高涨的学生紧紧簇拥着讲题的同学，随着讲题的同学的移动而移动。有的学生站在黑板前，有的学生坐在座位上，有的学生站在凳子上，他们不时地向讲题的同学发问、质疑，如果哪个学生有了新的解题思路，便会站到黑板前滔滔不绝地讲解他的新思路，再接受其他同学的发问和质疑……

或许有人说，讲题的学生已经会做了，还要他去讲，不是浪费时间吗？其实不然，有个说法是，“最好的学是讲”，当学生们能够通过交流和展示，去给其他同学以启示的时候，自己也会相应地得到提高，这就实现了“双赢”。

用交流和展示来激活课堂，不单单是让学生完成了对知识的深层次学习和掌握，同时，也会培养学生崇尚科学、崇尚真理的精神，使他们情感更丰富、情操更高尚。这样的课堂，自然就可以被称为和谐宽松的课堂、幸福的课堂。

拒绝虚假的小组合作

曾经有一位老师跟我探讨，他觉得自己的教学方式确确实实改变了，课堂上真的把自主权交给了学生，而且每次组织学生合作、讨论、交流，气氛都十分热烈。但令他困惑不解的是：一到练习或考试的时候，学生就错漏百出或干脆不知所措。于是，他开始怀疑，是不是自己的教学方法出了问题？还要不要把这种小组合作学习进行到底呢？

其实，我们首先应该肯定这位老师迈出的可喜一步，他在课堂上碰到的这些问题，只是因为缺乏对小组合作学习本质上的认识，而使课堂上出现了假合作现象，没有真正起到合作学习的作用。

我曾经做过一次全市语文教师教学大赛的评委，三天的时间，听了二十来堂语文课。尽管课的内容不同，但上法却颇为类似，尤其是“小组合作、讨论”，无一例外地被当作重要的教学方式。但仔细观察就会发现，有一些合作学习很明显有“为合作而合作”的嫌疑，空有其表而无其实。事实上，低效的合作，不仅不会起到预期的教学效果，反而还会让学生难以安静地、独立地读书、思考、感悟、做题。

譬如，有一节课是这样的：孩子们围坐在一起，老师一宣布小组讨论，前排学生迅速回过头，满教室都是“嗡嗡”的声音，每个人都在张嘴说话，可谁也听不清对方在说什么；有的小组长则唱“独角戏”，一个劲儿地嚷嚷，其余同学只能当听众；有的学生则茫茫然，不知所措，更有的同学干脆偷偷做些转铅笔、玩橡皮一类的小动作……几分钟后，老师一声令下：“停！”全体同学立即安静下来。被叫到的同学一张嘴就是“我认为怎样怎样（压根就没有合作的痕迹）”……这样的合作有效吗？表面上热热闹闹，背后更多的可能是放任、随意和低效，甚至是无效。

合作意识、合作精神在学科划分日益细化的今天无疑有着极为重要的价值。提倡“合作学习”自然理所当然，但是，教学讲究的是实效，是以学生“学会”和“会学”为目的的，如果合作学习完全取代了学生的独立思考，其价值就该画上一个大大的问号。

仔细辨析起来，不难发现，这种动不动就分组讨论，七嘴八舌、人声鼎沸的“繁荣”背后，往往隐藏着种种危机。

其一，从众心理往往使部分学生在讨论过程中弱化了独立思考，过分盲从于“优秀生”的观点，能偷懒时且偷懒，滥竽充数，失去了真正锻炼自身思维能力的机会。从某种意义上讲，这是由教师的“一言堂”衍变为了尖子生的“一言堂”，危害的本质是相同的。从教学实践看，小组中基础较差的学生，往往会沦为学习中的“弱势群体”，进而导致缺乏主见、人云亦云的性格缺陷。因此，讨论必须在每个学生独立思考之后才能进行，同时要建立小组成员“随机汇报制”，将发言的机会开放给每个人，取缔小组优生作为第一“发言人”的特权。面对学习能力较差的学生在发言中可能出现的不足，则要采用“小组补充”的方式，将个人表现与小组表现“捆绑”，从而提升小组合作的实效。

其二，每个小组讨论的问题往往有分工，在课堂交流时，由于缺乏对其他组问题的深入思索，所以对其他同学的陈述往往不甚了了。由于教师缺乏必要的指导，学生只重视小组的讨论研究而忽视小组汇报，学生往往没有足够的兴趣和注意力听取其他小组的研究成果。这就从客观上造成了教学效率的“低下”，导致了学生知识体系的不完整。因此，让几个小组各行其是、“分包”一块的做法要慎用。

其三，片面理解合作的意义，把课堂小组活动作为合作的唯一方式，忽视了学生在课前课后的合作，也是学生独立思考能力丧失的重要原因。课堂时间是有限的，难以完成全部合作学习的任务。收集相关学习资料、调查生活和社会发展的情况、深入研究课堂教学中存在的问题，这些都必须通过合作与独立完成相结合的方式进行。这样，既有利于培养学生的合作精神，又能使学生保持独立思考的习惯。

学而不思则罔。合作，必须是在每个个体都以积极的态度进行了思考之后进行的步骤，这样才能达到相互促进、共同提高的目的。否则，以扼杀学生独立思考能力为代价的“合作”，只会是徒有其表，流于形式，与教学初衷背道而驰的

“花把式”。除了赚取课堂上虚假的“繁荣”外，再无其他意义。

善于诱发课堂“争论”

我在参加学校组织的一次听课评课活动时，见过这样的一幕：讲课教师正在按照自己的思路，给全班学生分析和讲解一道例题，班上有一个学生突然举手站了起来，非常坚决地说老师的思路有误，并当众阐述了自己对这道题的理解和分析（当然，这个教师的思路没有错误，只是学生在理解上出现了失误）。很快，教师和这个学生就针对这道试题的不同理解展开了激烈的“争论”，全班学生也都参加到了这场激烈的“争论”当中，“两大派”的“争论”使得整个课堂一片“混乱”。结果可想而知：最终这堂课的教学内容没能如期完成。

课后，参加评课的老师几乎异口同声：从这节课来看，师生配合不默契，学生故意刁难教师，课堂组织混乱，教学任务没能完成，这堂课是失败的、低效的。

对于这样的评价，我并不认同，相反，我觉得这节课相当成功。为什么这么说呢？先说学生，不“迷信”教师，不怕挨批评，敢于发表自己的观点，敢于同老师“争论”；再看老师，为了让学生真正掌握知识，放弃了一堂课的所谓“完美”，参加到学生的“争吵”当中，最终让学生认识到了自己对知识的理解失误。课堂上“争论”发生的时候，学生的眼睛是发亮的，思维是活跃的，学生不仅得到了知识，更得到了知识之外更宝贵的一些东西。这样的课不正是我们所希望看到的吗?

那为什么我们的某些评课老师却看不到这些优点呢？原因不外乎两个：一是对一堂课真正价值的理解有所偏差，以为只有按照预设内容顺利完成的课才算是高效的课；二是内心的恐慌，生怕自己由于知识储备不足、教学经验不够而造成课堂失控，所以惧怕课堂上发生“争论”，一旦出现“争论”的苗头，不是置之不理，就是迅速采用高压手段，将不符合自己思想的观点扼杀。

其实，课堂教学正逐步走向开放、民主，这意味着在一定的教育教学情境中，每个学生都可以发表对教学内容的独特感受和理解。课堂不再是教师讲经说法的“一言堂”，师生之间、生生之间也不会再像传统教学那样“静如止水”“波澜不惊”。因此，在师生之间、生生之间经常会“诞生”自由对话的生动场面，甚至会出现意想不到的“争论”。这样的“对话”与“争论”未尝不是一件好事，它会让课堂放射出精彩与生命的活力。

很显然，学生是非常欢迎课堂上的“争论”的。中学生善思善辩，思想活跃，“争论”的形式非常切合他们的学习心理。置身于课堂争论，学生会自觉地打开思路，从无疑的情况里去发现疑问，并从中获得深层的启示。同时，各种思路的汇合，不同观点的撞击，或在争论中各抒己见，或在商榷中求同存异，或在辩论中针锋相对，都将促使学生在思维方式和表达能力方面得到锻炼与提高。

同时，将课堂争论植入教学，对于教师知识水平、授课水平、教学质量的提高也是十分有益的，会促使教师在备课时不再停留于熟悉教材、按部就班，而是吃透教材，并将其融会贯通。也唯有如此，教师才能对课堂争论随时可能出现的错综复杂的局面处乱不惊，应对自如。

有些教师最担心的是一旦挑起“争论”，课堂上就一团糟，无法收拾。当然，课堂争论应是一种有目的、有意向的教学活动，绝不是“放羊”，不能听之任之，否则往往学生“混战”一场，教师敷衍一番，最后就不了了之。这样的“课堂争论”即使再“热闹”、再“壮观”、再“活跃”，也会沦为空谈或各自钻牛角尖而已。面对学生莫衷一是的纷纭意见，教师应该及时引导，而不能完全被学生牵着鼻子走。否则，课堂争论就会失去目标，也就失去了“价值”。

有些教师之所以不喜欢挑起“争论”，原因就在于对争论的结果难以把握。针对这个问题，我们只需要学会区别对待即可解决。有些争论，教师可提出倾向性意见，支持正确的观点，修正谬误的意见，但不能搞简单的表态和裁决，而应特别注意挖掘持错误意见一方表述中的合理成分并予以肯定，这样才能使大家心悦诚服地判明是非，确定正误；对那些“公说公有理，婆说婆有理”的问题，只要持之有据，言之成理，大可让各种意见并存，互为补充，未必非要分出“子丑寅卯”。当然，千万不能采取“少数服从多数”“学生服从老师”的简单做法，而应以“真理面前人人平等”为准则。否则，就会挫伤学生思考、表达的积极性，久而久之，课堂讨论就会变得冷冷清清，争不起来，或只是表面热闹，形成不了争论的对立面。

质疑是课堂的灵魂

我曾在某校听课时发现了一个很有趣的现象，该校有好几个老师都会在课堂教学快结束的时候设计这样的一个环节：请同学们提一提，谁还有疑问？有的课堂上学生敷衍潦草地提了几个无关紧要的问题，有的课堂上则干脆一片沉默。我在课下跟老师们交流到这一点的时候，学校的教务主任跟我说，这是学校为了培养孩子的质疑精神，以校规的形式提出的要求：所有教师都要在课堂上设置一个“质疑”的环节，否则将视为不达标。

培养孩子的质疑精神无可非议，但是否非要通过一个“质疑”环节来实现则值得商榷。学生的质疑精神应该时时处处存在，而不应僵化为在一个固定的时间段的“作秀”行为。如果在学习过程中，学生突然有了不同的见解，或者发现了某些错误，是不是就因为没到“质疑”环节而只能保持缄默呢？

学贵有疑，质疑是课堂教学的灵魂。可是，在传统的课堂上，教师往往只注意解决问题，而忽略了鼓励学生提出问题，培养学生质疑的能力。在教学中，老师掌握了课堂的主导权，不自觉地把话语的主动权从学生那里夺了过来，习惯和传统的师道尊严形成了一种权威。以教为主的传统教学思想使老师产生了一种教学的神圣使命感，教学生成了教师的天职，灌输成了传统教学的法定模式。老师讲解、诱导、启发学生听懂、记住、理解教学参考书上的标准答案，成了老师完成课堂教学任务，达到良好教学效果的唯一目标。这种被教师“垄断”话语权的传统课堂缺失师生之间思想的碰撞，是老师表演的课堂，是缺乏民主的课堂。在这种课堂里，学生好奇的天性、思维能力、创新意识都会遭到遏制。

民主的课堂呼唤学生权利的回归，呼唤质疑的声音，呼唤思想的觉醒。怎样把质疑的空间还给学生，把质疑的方法教给学生，使学生敢于质疑、善于质疑，这是每个老师需要认真反思的问题。

有的老师抱怨说：我没有限制学生质疑啊？可他们都是榆木疙瘩，什么问题都提不出来，什么都说不出来，他们就甘心鹦鹉学舌，我有什么办法？

其实，学生能否质疑，关键还在于老师的做法。

记得我有一次听数学课，数学老师在黑板上推导试题，结果推来推去就走到了一条错路上。大约是因为有人听课，虽然大部分学生都已经发现了错误，但没有一个人指出来。这个教师更是尴尬地把一个明显错误的结论摆在黑板上，自顾自地完成后面的教学任务。我悄悄问一个学生：“你看出错误来了没有？”学生点点头，我有些惊讶，于是接着问：“看出来了怎么不说啊？”那个学生摇摇头，说：“不敢！”

“不敢”，一个多么可悲的说法。也难怪，连教师自己都不敢直面自己的错误，他怎么肯低下头来由学生评点错误呢？这个“不敢”就深刻地反映了学生缺少质疑精神的原因：我们的老师是不允许学生质疑的。如果教师总把自己摆在一个高高在上的位置，不能转变角色，不能成为学生的合作伙伴，学生何以成为学习的主人？何以获得本属于自己的话语权和质疑权呢？

因此，只有教师给学生质疑的权利和自由，让学生破除对教材、对教师的迷信，学生才会有质疑的主动性，课堂才会进入承载着学生积极思维的状态。

有些老师可能会说，我是经常鼓励学生提问的，这不就是让他们质疑吗？的确，没有“问”构不成“疑”，但如果缺乏明确的问题目标，课堂上就很容易出现“想到什么就问什么”“肤浅深奥一起来”等情况。此时，教师若没有相应的引导与调控能力，就会陷入“眉毛胡子一把抓”般游离主题的尴尬。教师应该学会在学生发问的途径和方法上做文章。例如，预习教材时，把需要解决的问题记在笔记本上，能通过查阅工具书和资料获取答案的先自行完成，解决不了的再在课堂上质疑；在动态的课堂教学过程中，鼓励学生随时捕捉、筛选有价值的问题质疑，可以从所学知识的重难点中，从标题、公式、定理、定义中去寻找；每节课结束后，要给学生留出一段时间质疑问难，以便他们查漏补缺，加深对知识的理解。学生掌握了基本的质疑方法，提出来的问题才会更有价值。

同时，为了提高学生的质疑能力，教师不能只满足于解决学生质疑的问题，更要善于对质疑者提出的问题的价值进行及时恰当的评价，对提出的问题有探究价值的质疑者给予真诚的赞扬与肯定，对浅层次的问题引导学生学会甄别，让学生在学习过程中明白什么样的质疑更有意义，从哪些角度质疑更能拓宽思路、发散思维，这样才有利于提高学生质疑的质量与积极性。

让学生学会倾听

一位教育学博士带领自己的团队到某所学校去搞课堂教学诊断，恰逢一位教师讲授“因式分解”，课堂气氛极其沉闷，课后测验效果也很差，根本没能达到应有的教学效果。于是大家帮这位老师会诊，一致认为，这位老师的课堂教学方式过于陈旧，仍沿用了传统的“满堂灌”，一味地“包办代替”，没能体现出“自主、合作、探究”的教学理念，没能培养学生的“创造性思维”。于是，大家集思广益，重新帮这位老师备课。在第二节公开课上，以“学生发现”为主导思路的课堂设计展现出可喜的局面：课堂气氛异常活跃，在教师引导下，学生积极思考、探索，竟然发现了十来种解题的方法，有些解法甚至是教师都没有想到的……

就在大家为这节课的成功鼓掌叫好的时候，课后的测验结果却给大家泼了一瓢冷水：测验题要求学生运用尽可能多的解法来完成一道“因式分解”试题，而大多数同学只会用一种方式，只有少部分同学正确运用了两三种方法。至于课堂上曾出现的那些丰富多彩的解题思路，在测试中并没有得到广泛的应用。

为什么测验结果会与课堂上学生的“发现”大相径庭呢？简单以这样的结果来看，是不是也证明了课堂教学并没有达到应该有的效果呢？大家认真研究发现：原来，学生掌握的只是课堂上他们自己想出来的那种解法，至于其他同学提出的解法，尽管在课堂上进行了交流，但他们根本没有掌握。再细细追查下去，答案终于揭晓：造成课堂效率低下的原因，是学生在课堂上只欣欣然于自己探究的成果，根本没有认真倾听其他学生的发言，这种情况下，又怎么能够奢求他们掌握更多的东西呢？

这个案例启示我们：课堂本是一个信息场，只有诸多的信息在流动中进入每个人的视野和脑海，这些信息才会更加有用。

不难看到，在我们的课堂教学中，部分教师是不太注意这一点的。学生回答问题，教师就专注于回答的“这个”学生，甚至学生的声音如蚊子“哼哼”，教师也不理不睬，甚至“人性化”地把自己的耳朵送上前去“聆听”，忽略了其他的学生到底在干些什么。这个学生回答得对也好，错也罢，对其他学生而言没有任何影响；小组讨论的时候，教师将不同的问题分给不同的小组，可在汇报学习成果的时候，教师没有注意到，各组只专注于自己的问题，而没有关注其他小组的问题和结论，当然，教师似乎也不需要他们去关注……就是在这样的教学过程中，教师有意无意地总把一部分学生甩到了有效信息的影响范围之外，他们不需要倾听，不需要识记，不需要判断，更不需要被纠正，如此情形，何谈实现“人人参与”呢？

我们习惯于把学生的学习说成“听课”“听讲”，这里的“听”，如果简单理解为“听”老师的，就未免过于偏狭了。课堂上，学生往往忽略了从同伴那里获得信息。我们常常能够在课堂上看到这样的情形：当见到别的同学在发言时，有一部分人或在拼命举手想获得下一个发言机会，或在埋头做其他事情，好像他人的发言与己无关，只有老师说话时，全班同学才会静下来，听听老师在说什么。造成这个局面不能简单埋怨学生，而要从老师的教学中找问题。之所以学生在学习过程中不善于倾听，恰恰是因为教师没有给出“听”的指令，没有明确学生具体要通过“听”完成怎样的学习任务。要想使学生“会听”，教师就要做出有针对性的引导，应该掌握如下提示语：

●“听一听他讲的，他讲了什么内容？你能够简单地复述一下吗？”——对对方发言要点进行把握、概括与转述。

●“听他讲的与你想的一样吗？有什么不一样的地方吗？”——对对方言语传递出的信息分析比较。

●“听了他的发言，你觉得他说的是否有道理？你有什么不同看法吗？”——对对方观点进行正误判断。

●“听了这几个同学的发言，你觉得他们的发言有什么共同点？同学们一共提出了几种观点？”——对对方观点进行归纳、综合。

●“听了他们的发言，你有了哪些新的收获？有了哪些新的想法？”——思考别人的发言给自己的启示，从而更新自己的观念。

● “从他的发言中，你听出了他内心在想什么吗？他是否有言外之意？”——对对方潜台词的分析推测。

● “谁的发言对你完成学习任务有了帮助？你的发言对谁获得结论有了帮助？”——对“倾听是互相合作”的价值体验。

● “听了他的发言，你能够想象出怎样的画面？你有了什么感受？”——结合对方发言展开想象、体会情感。

…………

经过反复布置任务，教师可以引导学生建立起这样的一套“倾听学习”规范：认真倾听，对听到的内容进行分析、梳理、概括，进行价值判断，并通过转述、评价等方式，对自己的想法进行完善和改进。这是进行信息加工的基本要素，也是重要的学习本领。久而久之，学生便会在不断完成任务的过程中提高倾听的能力，体验到相互合作的价值。

当然，教师是学生学习最好的镜子。要学生学会倾听，教师必须要自己先学会倾听，为学生做榜样。不论在课堂上，还是在平时生活中，对学生都要十分耐心，对学生所说的事，所提的问题都要十分认真地听，不能敷衍了事。要用我们的实际行动告诉学生：学会倾听不仅是一种学习方法，同时也是一种必不可少的优良品质。

巧妙利用“兵教兵”

说到“兵教兵”的起源，大概要追溯到毛泽东主席所提出的一种练兵方法。毛主席曾就练兵方法，提出过“官教兵”“兵教官”“兵教兵”等概念，深刻地揭示了教育者与被教育者、被教育者与被教育者之间的密切关系，这种关系就是合作关系。在教学中，我们所说的“兵教兵”，就是在老师的指导下，学生之间互相帮助、互相学习的一种有效的合作学习方式。

“兵教兵”的提法或许并不难被大家接受，不过真正实施起来，却有不少的障碍。其中最大的障碍就是很多老师对实施“兵教兵”心存顾忌，在他们眼里，那些后进生是不可救药的，连老师都奈何不得，学生又怎能“妙手回春”呢？况且，弄不好，那些好学生还会被后进生“传染”，带到“沟里”去，这不是得不偿失吗？于是，从排座位开始，教师就会让优秀学生远离后进生，躲还躲不及呢，谈什么“兵教兵”，这不是让优生“自投罗网”吗？

其实，这是没能理解“兵教兵”的实质。“兵教兵”的受益者并非只有后进生。有句话说得很好：最好的掌握方法是说出来。优生通过为后进生讲解、分析，自身对所学知识的理解也会更加透彻、深刻，分析问题的能力、语言表达能力，甚至人际交往和沟通能力都会得到进一步提升，他们岂不是受益者？“兵教兵”是“双赢”的举措。至于担心优生受到后进生的负面影响，这与“兵教兵”的学习方式无关，而取决于教师的管理、教育和引导水平，教师岂能将责任一推了之？

在日常教学中，许多老师都有这样的困惑：为什么一个题目讲了很多遍，学生仍然会出错，原因是什么？往往是因为老师的思路未能做到与学生的思路“同轨”，一时难以被学生接受。“兵教兵”的方式之所以效果显著，其中很大的一个原因是学生与学生之间的知识水平、思维方式更为接近，他们之间的交流相对于师生之间的交流而言更为顺畅和自然。既然我们教的效果不好，何不换一种方式，由学生来相互帮助呢？

课堂实施“兵教兵”的好处可以概括为以下几点：

一是密切生生感情，有利于团结。以几个人为一小组，实行组内兵教兵，生生互学，生生互助，朝夕相处，同学关系自然密切，可化解许多学生之间的矛盾，从而形成团结和睦的班集体。

二是符合学习规律，学习效果好。小组成员水平不一但各有所长，可以让优生带动后进生，“兵能教兵”，这本身就是学习，甚至比“官教兵”的效果更好，也符合怎么学就怎么教的原则。

三是发挥学生的能动性，让老师减负。通过安排小组长检查作业、背诵等，让老师腾出更多的时间和精力去关注学生，发现每个学生的优点和缺点，关注学生间的性格差异、习惯差异，以便人尽其才，物尽其用，也便于生生交流。

四是突破思维障碍，让难点获得突破。“兵教兵”，互相交流启发，充分发挥男生和女生各自思维的优势，鼓励生生讨论，这样三个臭皮匠，凑成一个诸葛亮，教学重点、难点也就在“兵教兵”中被突破，更能发挥学生的主体作用。

在实际教学中，如何利用这种“兵教兵”之法解决后进生学习上的困难，同时又促进优等生的提高呢？

首先，要创造“兵教兵”的条件。那种把优生与后进生“划江而治”的方式显然无法实施“兵教兵”。教师要敢于让学习基础差的学生与优生同桌，这样才便于“兵教兵”。其实，这样做也是对学生心理的一种把握——别人在有限的时间里完成了自学内容，自己不会做也丢人。使他们有一种紧迫感，进而增强了竞争意识和好胜心。在学生回答老师的问题及相互讨论的过程中，实际是优生教后进生的过程。优生在自学的过程中基本上都明白了，而后进生还有一些问题没搞清楚，通过优生的讲解，自然也就明白了。要知道，后进生的学习问题光靠老师一个人来解决是很难面面俱到的，发动起优生，力量就大了。同时，一旦在“兵教兵”中确立了“师徒”关系，上课时，师父就会时刻关注徒弟——哪些问题他举手了？哪些问题他回答对了？哪些问题他回答错了？师父心中有数，也就为课下的“兵教兵”做好了准备。

其次，调动师徒的积极性。要想方设法把课上的问题延伸到课下，引导徒弟有什么困惑与问题，都选择第一时间向师父请教；激励督促师父根据徒弟课堂上的表现及时进行补救。如让徒弟再次回答上课时不会回答的问题、回答错误的问题等。引导师父配合老师完成“清”的工作，监督徒弟按时、独立完成练习与作业，帮助徒弟改正其中的错误，检查他的掌握情况。很明显，从课上到课下，从练习到作业，从知识的记忆到方法的形成、能力的培养，师父都会紧紧盯住徒弟，不会让他有丝毫的懈怠。如果徒弟在学习上存在问题，师父是绝对不会坐视不管的，他们会帮助徒弟一起探索解决的办法，直至徒弟完全达到老师的要求为止。

“兵教兵”这种做法，可极大地调动优生的学习积极性，带动中等生和后进生，在班级内部形成良好的学习氛围。同时这也给学生创设了展现自我的舞台，让他们摆脱“胆怯”的心理，进一步提高了他们的自信心以及在各种环境下的适应能力。

课堂提问要克服“六重六轻”

听完一位老师的课，我在点评时给他提建议：“要学会控制你的提问次数。”这位老师非常惊讶：“您怎么会这么说？我们不是一直提倡运用启发式教学吗？”

显然，这位教师存在着概念认知错误，其实“提问法”并不等于启发式。

启发式教学是构建在“学生本位论”理念之上的。在教学中，这位教师的确是在用提问的方式来启发学生的思维，集中学生的注意力。可惜，他虽然用心良苦，但效果并不太好。纵观一节课，提问竟多达上百次，教室里的学生“齐刷刷”地竖起手臂，叫人眼花缭乱，真是“热闹”无比。可是仔细分析，由于只注重形式，他的提问，有的比较简单，毫无思考价值，有的难度过大，学生无从下手。加上没有给学生留出任何思考和讨论的时间，学生总在拼命追着老师的提问“跑”，这样的“启发式”教学，不仅没有起到“启发”的作用，反而把学生搞得紧张兮兮，生怕老师点名点到自己头上。老师的这种教学方法，看似在“问”，其实换汤不换药，不过是变换了形式的“填鸭”。这种包子一笼蒸、青菜萝卜一锅煮的方法，自然不可能达到“启发式”教学的目的。难怪有学者指出，这种“满堂问”的形式甚至比“满堂灌”更为可怕，不能不说颇有见地。

任何教学形式都是为顺利完成教学任务服务的。课堂提问如果能够恰当运用，自然是好的；但如果运用不当，反倒会降低教学的效率。仔细观察我们在课堂中的提问，主要的问题集中在以下几点：

◎重数量，轻质量。为了制造热闹的课堂气氛，教师不分主次，不顾学生实际，以提问占据了课堂大部分时间，学生只得被动地应付教师的琐碎问题，缺乏质疑问难、独立思考的时间，这显然不利于学生创新能力的培养。教师应该在问题的设计上下功夫。提问应从当前学生的知识水平、理解能力或学习状况出发，所提问题应是学生通过对所学知识进行分析、判断推导、运算能够回答的问题，而不能是超出学生实际水平的刁、难、怪题，这会让学生产生消极畏难情绪；也不能是毫无思考价值的“是不是”“对不对”式的提问，这会让学生对所学内容逐渐失去兴趣。

◎重结果，轻过程。教师的提问似乎只有一个目的，即得到正确答案。这个目的达到了，教师就觉得任务完成了。这种思想在课堂上的具体表现为，教师一个又一个叫起学生，直到得到自己早已准备好的正确答案为止，一旦有学生给出了那个答案，教师就好像完成了一项重要的使命一般，长舒一口气。对客观试题，教师也满足于学生对“A”“B”“C”“D”的选择，致使那些题目未能发挥其应有的训练价值。事实上，对学生的回答，我们不能只满足于结果，更要善于让学生展示思考过程，阐明得出结论的理由。这样，他们才能通过自己的阐述对正确的加深理解，对错误的找到思维的偏差点，并对症下药进行校正。否则，学生只能达到“学会知识”的层面，而不可能发展到“会学”、举一反三。

◎重记忆性，轻创造性。教育专家马云鹏老师曾通过记录一位教师在一节课中的所有提问，发现这位教师在这节课中共提出了88个问题，其中记忆性问题55个，理解性问题22个，课堂管理性问题3个，创造性问题5个，无意义问题3个。我们需要知道的是，教师进行以记忆为目标的训练过多，容易使学生养成只重视认知性、记忆性问题，一味机械复诵标准答案，以记忆代替思考的习惯，这会严重影响学生创新能力的发展。

◎重教师单向问，轻学生自问、互问。一些教师将课堂提问视为自己的专利，只让学生学习如何回答别人已经解决了的问题。提出一个问题比解决一个问题更重要，教师在教学中应注重培养学生自我提问、互相提问的能力。

◎重单一评价，轻多元评价。在课堂上，我们经常看到一些教师只根据教材、教学参考或自己的看法确定标准答案。当学生回答的答案与教师的标准答案一致时，教师便大加赞赏；当学生的回答与自己的答案不一致时，便马上换一个学生来回答，直到得到标准答案为止。还有一些教师当学生提出出乎自己意料的想法和思路时，便会不予理睬，甚至予以贬斥，对学生创造性思维成果的展示缺乏足够的耐心。这两类教师都忽视了多元评价的重要性，势必会对教学效果造成不利影响，针对类似的评价方式，作为教师我们应当戒之慎之。

◎重少数学生，轻面向全体。部分教师的提问总是局限于为数不多的几个“优等生”，而对剩余的大多数学生，经常是一节课也不会“光顾”一次。即便偶尔对后进生提出一两个问题，也往往是为了对学生提出“警告”，其提问成效也无外乎教师大失所望、学生垂头丧气。须知，当一个学生连续几节课都没有获得和教师交流的机会时，那他就会离你的教学活动越来越远。

千万不要以为学生能正确回答问题就表明他已经掌握了这个知识点。其实在很多情况下，学生可能只是靠猜测获得了答案，有时可能答案正确，但过程错误；而在集体回答的情况下，一些学生可能根本就不知道正确答案，但是碍于课堂环境的压力，不得不对他人的答案加以附和，而自己本身却并未理解该问题。因此，教师要合理设计课堂提问，使之成为课堂交流、师生互动、发展学生思维能力的重要手段。

指令清晰才能配合默契

我之前在听一位年轻教师的课时，见到了这样的场景：那位老师在台上讲，但整节课学生似乎都没有平静下来，尽管有人在听课，但看得出来课堂上学生的状态很差，甚至好几个学生的情绪接近失控。为此，老师好几次不得不停下讲课，严肃地批评学生，要求学生认真起来，但整个课堂仍旧像一盘散沙，不见起色。课下，这位年轻教师很苦恼。他对我说："我对学生的要求也不是不严格，可为什么学生总是不配合我呢？一点默契都没有的课，上起来可太费劲了！您帮我分析分析原因。"

的确，如果从严格要求的角度而言，这位老师做得并非不到位。可如果课堂松散不是纪律问题造成的，原因何在呢？这就值得我们好好思考一下了。

我通过分析，很快帮他找到了问题的症结：如果在课上总会出现学生无所事事、难以控制的局面，那很有可能就是因为他们没有明确的任务，而这显然与学生愿不愿意与教师配合无关。换言之，不是他们不想做好，而是他们根本不知道自己该做什么。而造成这种状况的原因，就是教师的指令模糊。

"你认为你的课堂指令清晰吗？"我问。

他一头雾水地摇头。

我给他举了一个例子："比如你要求学生阅读课文之后，发出了一个指令'下面同学们进行小组讨论'，然后你去板书。可你知道这时候你的学生是什么情形吗？小组的几个人面面相觑，几乎是在闲聊，几分钟的时间完全浪费了，这能怪学生吗？不能。因为你的指令实在过于模糊了。小组讨论，讨论的内容是什么？讨论中有什么要求？讨论结束以后如何对讨论结果进行呈现？这些学生都不清楚，他们如何进行讨论呢？正确的分组讨论指令应该是‘下面请同学们进行讨论，讨论过程中完成两个问题，时间是5分钟，5分钟之后，各小组派代表将你们小组讨论的结果向大家汇报一下，优秀的小组将奖励加分’。你看，如果是这样的指令，学生还会不知道干什么吗？不是学生不想配合我们，更多的时候，是我们提出的要求不明确，学生云里雾里，茫然无措，怎么能够集中精力来完成任务呢？”

他这才恍然大悟，频频点头。

对于课堂教学来说，教师的指令如果含混不清，那么学生就会无所适从，这样的课堂绝谈不上是什么优质课堂。完整的课堂指令就是学生学习的指挥棒，学生在指挥棒的指引下就会轻松地达成学习目标，否则就会茫然、无序，不知所措。

我认为一个完整的指令应包含以下三个要素：

第一，明确的任务——教学中，下达的每一道指令，都要让学生清清楚楚。这就要求教师下达的指令不宜过多，也不可轻易地发指令，需要发的指令一定要简明扼要，减少课堂废话。特别需要注意的是，当课堂进入某个环节的时候，要把学习的要求一次性明确，尽量避免在学习活动进行过程中掺杂插话式的课堂指令，因为这样往往容易打乱学生的思绪，影响学习效果。

第二，约定的时间——在布置好课堂任务后，如果不明确时间，学生往往会乱而无序，调动不起他们的学习积极性，出现比较散漫的情况。因此，我们要约定时间，这是促使学生紧张起来的重要方法。不过要注意，这个时间必须是教师凭借经验和对学情的了解做出的，不能张口就来。譬如，有的教师说，“下面是练习时间，给大家3分钟”，结果10分钟过去了，教师还没有让大家停下来，久之，教师的“指令”就会成为“纸令”——空而无效，无须遵循。

第三，恰当的检评——如果只有任务，而无检评，学生的学习劲头就会放松。因此，每一个学习活动的安排，都应该考虑活动结束后如何进行检查、评比。譬如，练习之后要要求学生回答或板演，自学之后要要求学生展示自学成果，等等。有了这些后续要求，指令才更有价值。

指令的清晰程度与教师的课堂管理水平息息相关。譬如，在发出指令之前，教师为了吸引学生的注意力，故意采取停顿、提高声音或拍一拍手等方式，尽可能地让每一个学生都能听到你说的话，可以促使指令更好地落实。

切实把学生作为学习的主体

把学生当作学习的主体？这个问题还要再说吗？看到这个

题目，肯定有教师不屑一顾。

其实不然，反观我们的教育实践，这个问题远未彻底解决。

现代基础教育是素质教育。学生为主体、教师为主导、训练为主线是素质教育课堂教学方面的三条重要原则。遵循这三条原则进行教学活动，是教师在现代教学中的基本方式和方法。就现代社会发展和基础教育改革实践来看，这无疑是适宜的。

从大趋势讲是这样看和这样做。问题是回到我们的小范围、小区域，这些原则又践行得怎么样呢？是否每一位任课教师都这样看、这样做了？答案非常令人遗憾。许多教师对放手让学生“学步”持怀疑态度，仍坚持“手把手”的“喂养”。这样的教师，肯定还是有些问题想不清楚，才会停顿在“私塾式”的教学阶段；即使让他们“照葫芦画瓢”去勉强尝试改变，也不会太顺手，至多不过造出一种学生成为“伪主体”的现象。

之所以这样，是我们有一部分教师仍然不明白，教育的目的是把自然人培养教育成社会人。在教育过程中要体现人的特性，而不是将人当作某种待加工的产品。学习过程，是人主动地、不断地发展的过程。这一活动的对象是人的身心，是尚未完成社会化的年青一代的身心，是具有可教育性的身心。就是说，人本身具有可教性，且经过教育后能爆发出发展的巨大潜力，所以他们也能够在学习过程中控制和主宰自己的学习活动。从无知到有知，从自然人到社会人，这一转变的实现就需要教师给予学生人性化的训练和启迪。教师需要明白，学习是学生自己的学习，他们才是学习的主体。在学习活动中，千方百计地让他们体现自己的主体地位，这是一个优秀教师应该具备的认识，也是不可缺少的基本功。只有这样，才能启发学生自觉地改变和改造不符合自身发展的条件。

当然，人和动物是有区别的，动物的活动都是本能的反应，而人是不同的，人有着主观意志起支配作用。所以，把学生当作学习的主体，启发和诱导他们主动接收和获取知识，而不是将他们当作一架被灌输、被控制的机器，这才是我们今天面对教育对象应该持有的观点和进行教学活动的基点。

以学生为主体，就要采取一切手段，最大限度地发挥其能动性。这是教师在教学过程中，把学生真正当作学习主体的首要任务。教师要时时处处体现出亲和力，时时处处对学生进行引导和启发。也就是说，学生作为学习主体，在教学活动中接受教育影响并非处在消极被动的地位，而是积极主动的。在实际教学活动中，科任教师所实施的各项教学措施，不能只是对学生进行简单的加工改造，而要引导学生主动地、积极地利用自己的原有知识基础来获取新的知识，并将其融入到自己的认知结构中，作为下一次发展的基础。

我们必须建立一点认知，无论是学生的知识准备、认知能力，还是其学习态度和学习动机，都不是静态的，这些因素都是动态发展的。它们会随着学生在学习过程中逐步意识到自己在学习中所处的地位和社会为之预定的某些目标而产生变化，并经由这些变化来推动或阻碍教学活动，这是为教学实践所证明了的。如果我们认真回想一下自己的教学实践，就一定能够对上述的问题感同身受。是不是凡是自己把学生当作教学主体、充分调动了他们的积极性的时候，也就是教学效果最好的时候？也就是学生考试取得的成绩最佳的时候？

其实，我们自身的工作也是这样。当我们将自己确立为工作的主体，主动性强、积极性高，争抢着去做某项工作的时候，自己准能把工作做好，即使有一些不足也不会是什么大错。假定工作不顺心，又被逼着去做，效果就一定不会太好，而且也容易出一些严重的错误。这个道理完全可以移植到学生的学习上来。

因此，我们在教学过程中，必须把学生作为学习的主体，这是教育改革的根本性问题，凡偏离或不重视这个问题，都会给教学工作带来损失，都会使教学效果大打折扣。

本章小结

√ 允许不同声音的存在，允许为真理而发生的冲突的存在，师生在积极的冲突中，寻求着更高层次的和谐，这种和谐将成为一种力量，打破“一言堂”，启发学生的思维，使每一个学生的头脑都迸发出不竭的创意，课堂教学的质量自然也就水涨船高了。

√ 自学环节力求“授之以渔”，对提高学生学习的主动性，修炼其学习素养至关重要。只要坚持“四定”——定内容、定时间、定方法、定要求，严格将其落实于学生的每一次自学，教学的效率就会大大提升。

√对内容比较浅显、学生能够自学的部分，教师也并不是彻底“放羊”，不闻不问，而是要强化学生自学的过程，对自学内容、自学方式、自学时间、自学结果的呈现等拿出具体方案，确保在一个完整的自学过程中，学生既掌握了该学的内容，同时也提升了自学的基本能力。

√ 学生绞尽脑汁得到的极富个性的见解并没有获得对外“发布”的机会，即使教师设置了交流和展示的环节，也往往是蜻蜓点水、浅尝辄止，稍一放手便又被老师迅速“大包大揽”过去，致使学生的创建性意见“胎死腹中”。

√ 教学讲究的是实效，是以学生“学会”和“会学”为目的的，如果合作学习完全取代了学生的独立思考，其价值就该画上一个大大的问号。

√ 在师生之间、生生之间经常会“诞生”自由对话的生动场面，甚至会出现意想不到的“争论”。这样的“对话”与“争论”未尝不是一件好事，它会让课堂放射出精彩与生命的活力。

√ 只有教师给学生质疑的权利和自由，破除对教材、对教师的迷信，学生才会有质疑的主动性，课堂才会进入承载着学生积极思维的状态。

√ 教师可以引导学生建立起这样的一套“倾听学习”规范：认真倾听，对听到的内容进行分析、梳理、概括，进行价值判断，并通过转述、评价等方式，对自己的想法进行完善和改进。

√ 最好的掌握方法是说出来。优生通过为后进生讲解、分析，自身对所学知识的理解也会更加透彻、深刻，分析问题的能力、语言表达能力，甚至人际交往和沟通能力都会得到进一步提升，他们岂不是受益者？

√ 任何教学形式都是为顺利完成教学任务服务的。课堂提问如果能够恰当运用，自然是好的；但如果运用不当，反倒会降低教学的效率。

√ 对于课堂教学来说，教师的指令如果含混不清，那么学生就会无所适从，这样的课堂绝谈不上是什么优质课堂。完整的课堂指令就是学生学习的指挥棒。

√ 把学生当作学习的主体，启发和诱导他们主动接收和获取知识，而不是将他们当作一架被灌输、被控制的机器，这才是我们今天面对教育对象应该持有的观点和进行教学活动的基点。

第三章

课堂的实效之道

——教学要有清晰的目标导向

实效课堂的生态特征：强调目标导向，注重教学成效，课堂行为遵循教学规律，课堂扎实、到位，在最短的单位时间内达成教学目标。

建立自己的课堂“规矩”

年轻教师的教学历程中，经常会有此种遭遇：接手一个低年级的教学班，往往教起来比较轻松，还算得心应手，但随着年级升高，就感觉越教越吃力，直到最后“玩不转”，被学校领导调整工作，重新带回低年级班。为什么会出现这种无奈的情况呢？这大多与这些教师在带低年级班的时候过分注重知识的教学，缺乏必要的课堂常规训练，致使学生没有形成良好的学习习惯有关。随着学生年龄增长、个性意识增强，加上知识难度提高，管理起来就越来越难，直至教师无法依靠原来的教学法将工作继续下去。

我曾经不止一次地在课堂上见到如下现象：

现象一：上课铃马上要响了，学生的课桌上还空空如也，该准备的课本和学具还装在书包或桌斗里，而我们的老师却没有发现这样的问题，直到上课要用到课本或者练习本之类的东西时，才让学生匆匆忙忙地找寻，结果课堂上乱成一团。

现象二：不少老师到教室后，上课铃声一响，随即开讲，连“师生问好”都省掉了，美其名曰“节约时间”。实际上，尽管铃声已经响起，但是学生往往并没有完全静下来。老师一下子就开始讲课，效果自然不会好。因此，师生问好并非形式主义，可有可无，它属于课堂常规之一，起到组织教学的作用，需要加强。

现象三：有些老师上课时虽然没有取消师生问好，但是对学生起立问好和坐下的环节抓得不实。学生是乱糟糟地起立、乱糟糟地坐下、乱糟糟地问好。这样乱糟糟的开头对下一步实施课堂教学肯定是有害无益的，等到老师讲课时，学生还在说话、还在做自己的事情，教师难免感到不舒服，于是又发起火来。

现象四：有些老师上课时不注意学生的坐姿，趴着的、斜着身子的、低着头的、撑着下巴的，各种各样的都有。

现象五：对教师发出的各种指令，譬如自读、讨论、快速背诵等，学生面面相觑，半天搞不清要干什么，等醒悟过来的时候，教师规定的时间也马上到了，而在刚刚过去的这几分钟里，学生一无所获。

现象六：教师提出问题来经常无人应答，即使举手回答问题学生也是羞羞答答的，半天说不出一句完整的话，课堂上缺少那种必要的生气。

很显然，这些现象都是不注重教学常规训练的结果。课堂是师生互动、生生互动的阵地，教学质量的提高离不开课堂教学，而规范的课堂教学常规是有效课堂的重要保证之一。当然，这并不代表教师只需要罗列出教学常规即可。有效的教学常规还需要符合班级的学情、适应教师的教学风格，当然，还应该尽量简单易行，不能过于刻板，让学生感觉无法适应从而产生抵触情绪。

每一位教师都应当明白：课堂教学是一种有目的、讲求效益的活动。我们应该以实际需求为依据，以学情为参考，条理化、精简化，建立起自己的课堂常规，以此为提高课堂效率打下坚实的基础。

课堂规则重在落实

我曾在一个老师的课堂上发现班里的孩子很没有规矩：

课桌上大多乱七八糟，甚至连必备的课本和练习册也放置得毫无章法；在上课过程中交头接耳、东张西望、注意力不集中；当老师提出某一个要求后，学生做反应也大多慢慢腾腾，丝毫没有紧张感……

我跟上课的老师讲课堂秩序建立的基本方法就是建立规则，结果，该老师一脸无奈，指着墙上张贴的一张纸说："喏，我们有课堂规范的，您看，一条条，列得多清楚、多全面，可是真正到了课堂上，学生们根本不按这个做啊！"

这个老师的无奈或许并不是个例，在实践中，我们有多少老师想凭借"规章制度"来管理自己的课堂，但最终，拟定的那些条款无法真正落实，变成了"一纸空文"。

课堂教学如同比赛一样，学生需要知道其中的规则。当教师和学生一起研究制定出一套合理的课堂规则，并承诺遵守这些规则后，下一步就是帮助学生从始至终遵守这些规则，并在执行过程中不断根据实际情况改进。在这个过程中，教师要发挥积极的作用。教师的头脑中要时刻有规则意识，要学会运用规则来管理课堂，要在学生违反规则时予以提醒纠正。这样，“规则”才会逐渐深入学生的内心，并成为真正约束和引导他们行为的“指向标”。在这个过程中，教师应该抓住三个关键词：宣传、监控、修订。

第一个关键词：宣传。

是不是一套课堂规则制定好了，就一劳永逸了？当然不是。有的老师说，那是我们全班同学一起制定的，每个人都参与了，学生对规则的内容一清二楚，这不就足够了吗？这样的认识是缘于对学生特点的不了解。中小学阶段的孩子，思想还不成熟，极容易受到周围事物的诱惑，行为缺乏自主性和稳定性。规则虽然有了，但如果没有一个长期的、持续的灌输和影响过程，很多学生就会将所谓的“制度”和“规则”置之脑后。因此，采取多种手段，对课堂规则进行宣传，强化学生的规则意识非常重要。最典型的方法是打印出规则并张贴于教室中，定期组织学生学习和解读规则的内容，阐述规则背后的实质意义，也可以不定时地让学生谈一谈最近一段时间里自己执行课堂规则的感受。这些方式都能有效起到宣传规则内容的作用，使之逐步深入人心，变成学生的自觉行为指南。特别要注意的是，要保证班级里的每一个学生都在规则的覆盖范围之内。当有新生加入班集体时，新生也需要仔细阅读课堂规则。许多中途转学来的学生来自一些流动性很大的家庭，其中有些学生沾染了不良习惯，让他们了解课堂规则将有助于他们获得一个好的开始。关于这一点，教师可以指派班上表现好并得到其他同学尊重的学生来帮助新生学习课堂规则的相关内容。

第二个关键词：监控。

课堂规则是针对课堂环境而制定的。教师在教学过程中应始终坚持认真地观察课堂活动，始终密切注意学生的动态，学生做练习、写作业时教师要巡视全班，要能在学生的不恰当行为造成混乱之前就有所察觉。教师还要对学生的行为进行及时的监控，要定期召开讨论会以确保他们的行为与课堂行为标准相一致。为了做到这一点，教师可以灵活运用奖惩手段，运用奖励手段鼓励正当行为，通过惩罚手段制止不良行为。也就是说，学生如果遵守课堂规则，教师就要给予相应的肯定与奖励；如果学生违背规则有了一些不当的行为，教师就要立即指出其不良行为伴随的后果，以让学生认识到自己的错误并及时改正。这是巩固管理制度，提高管理效率的有效途径之一。

奖惩的具体办法很多，例如教师可以通过表情表露赞同或不赞同，通过语言进行表扬或批评，给予学生某种荣誉或取消荣誉。当然，教师的态度必须是积极的，我们绝对不能敌视学生，不能威吓或责骂学生。因为敌视或者责骂学生是忽视学生的权利与人格的表现，容易对学生造成伤害，使学生丧失兴趣和安全感。因此，在实施奖惩时需要注意以下几点：一是根据实际情况灵活运用，以奖励为主；二是维护课堂规则的权威性，严格按规则实施奖惩；三是惩罚手段不能滥用，更不能体罚学生。这里需要强调的是，在这个过程中，教师的行为非常重要，如果教师的行动与自己所制定的规则相违背，规则就会失去效力。如果教师在执行课堂规则的过程中不能够“一碗水端平”，或时紧时松，课堂规则的建设和巩固就很容易陷入僵局。

第三个关键词：修订。

任何规则都不会永远适用。当有学生或教师指出一些规则行为正在降低学生的学习效率或侵犯了某些学生的权利时，就需要对规则做重新讨论。课堂规则的制定与执行是一个过程。规范只是手段，不是目的。每个人都应当做规范的主人，而不能成为规范的奴隶。规则要在执行过程中不断地调整与改进，做到“有规范而不唯规范”。我们的管理应着眼于学生整个学习过程，而不应仅限于此时此刻；我们应最大限度地为学生创造心灵的自由空间，从而彰显学生生命的丰富色彩；我们应不断地思考自己的教育行为，积极创造和谐课堂，从而使师生双方互助成长，共享成功的生命历程！

制定+落实=有效。课堂规则之所以能够起到规范课堂、提升课堂教学效果的作用，关键就在于落实。那种只贴在墙上，未贴进学生心里的所谓“规则”，除了被学生“嗤之以鼻”“大胆挑战”外，没有任何意义。

谨防“破窗理论”

多年之前，美国斯坦福大学心理学家詹巴斗曾进行了一项试验：他把两辆一模一样的汽车停在街上，把其中一辆车的车牌摘掉、顶棚打开，结果这辆车不到一天就被人偷走了，而另一辆汽车，停放了一周仍然在那儿。这时，詹巴斗博士又偷偷用锤子把这辆汽车的玻璃砸碎，没想到不到一个小时，这辆汽车也被偷走了。以这项实验的结果为基础，美国的政治学家威尔逊和犯罪学家凯琳提出了一个理论——“破窗理论”。该理论的核心是：如果有人打破了窗户的玻璃，而管理人员又没有及时地将这块玻璃装上，这样就会给他人以暗示，使更多的人去打碎更多的玻璃，甚至会把所有窗户的玻璃都打烂。也就是说，无序的影像刺激无序的管理，而无序的管理又会造成影像的更加无序。

“破窗理论”提示我们：在课堂教学过程中，如果学生不守纪律，而老师却视而不见的话，就会给学生一种暗示：学生在课堂上犯一点小错误，老师是许可的。这样一来，不当的、违规的课堂行为就会像瘟疫一样蔓延开来，有序的课堂就会无序化，而若想以无序的课堂管理换取优质的教学效果，无异于痴人说梦。如果学生上课睡觉，而老师不去叫醒，那他的学习效率会如何？如果学生上课不认真听课，戴着耳机听音乐，利用手机发微信、玩电子游戏等，而老师不去制止，他的学习效率又会如何？有的老师可能会认为，个别学生不认真不会影响整体教学效果。其实，这里还有一个量化的问题：如果说一个学生不认真对整体教学效果影响不大，那么两个呢？两个影响不大，那么四个呢？如此一传二、二传四下去，是否会形成“破窗理论”中所描述的现象呢？

这里涉及一个课堂环境的问题。积极的课堂环境显然就是通过一种约束力阻止不良现象的出现，从而为课堂的高效奠定基础。因此，有经验的教师，总会将积极创设良好的课堂环境作为阻止“破窗现象”的重要手段。具体可从以下几点着手。

首先，教师要善于创建一种具有情绪安全感的课堂环境。在这里学生承认自己知识的漏洞或学习中的过错是很平常的事。这首先给老师提出了很高的要求：能不能放下自己的架子，承认自己也并非万事皆知？其实，一个教师承认自己并非无所不知，这不但有助于教师的身心健康，也有利于学生的情绪安全。因为只有在这种情况下，教师才会成为课堂活动的合作者，与学生一起学习，通过师生互动，构建充满生命力、和谐发展的课堂“学习共同体”。学生也才会放下心理包袱，畅所欲言，将个人潜能发挥到极致。和谐的课堂环境强调学生间的交流与合作，提倡生生、组组之间的多边互动。在实际的课堂教学中我们不难发现，当教师提出相对较难的问题时，学生会出现惯常的静默。但是，如果让学生进行分组讨论，再难的问题，每个小组都会给出他们的答案。教师需要为学生提供多向交流互动的空间，使学生可以自由地表达各自的观点，抒发真实的情感。只有教师与学生和谐共进、教学相长，课堂才能呈现出一种和谐平衡之美。

其次，教师要能够让学生在课堂上被感兴趣的人和事吸引。关于兴趣的话题是老生常谈。没有兴趣，上课对学生而言就是一种煎熬，自然会导致学生注意力分散，对教师讲授的内容无动于衷。出现问题的学生多了，“破窗现象”便在所难免。让学生有兴趣，是个常说常新的话题。营造有趣的学习氛围，方式多种多样。这里只强调一点，就是教师要善于在课堂上给学生提供尽可能多的体验成功的机会。历来人们只认为是兴趣带来成功，其实兴趣往往来自初始成功的体验，有时某一方面的一次成功会在人的一生中都起着关键的作用。人们常常有这样的体会：当你解决了一道难题时，你会因体验到成功的喜悦而充满信心，学习兴趣大增；而当你连续有几道题都解答不了时，你可能会灰心丧气，失去信心，甚至对学这门学科也失去了兴趣。因此，要通过每一次教学活动，如回答问题、互动交流、完成练习、成果展示等，让学生感受到自己的进步，从中体验到成功。如此，学生才会在愉悦的情绪中产生一种渴求学习的愿望，从而更加积极主动地学习。

此外，要将“民主”纳入课堂环境的建设。决定事物变化的是内因。要鼓励学生自主学习，教师就必须理解并满足学生的需求。教师所制定的各种学习规则，是为了满足控制教学过程的需求，如果教师能够给予学生更多参与课堂规则制定的机会，深入贯彻课堂民主，培养学生的自我约束能力，使学生积极配合教师控制教学进程，积极向上的课堂环境就能逐步形成，课堂环境的巨大约束力也能随之产生，从而杜绝“破窗现象”的出现。

好习惯让课堂教学更加流畅

近些年来，因为工作的原因，我有了更多深入课堂的机会，上千节课听下来，不免有了很多的感受。许多老师课后都在问，为什么自己费了半天劲，学生的成绩却总是上不去？我想原因固然很多，但其中有一点非常重要，就是教师是否在课堂中注重培养学生的学习习惯。

我在听课过程中常常发现，相当多的孩子没有形成良好的学习习惯：注意力不集中，身在曹营心在汉，爱做小动作，发呆，偷看与课堂无关的书籍，做与课堂无关的事情，不自觉地游离在课堂之外。更严重者，爱找他人说话，交头接耳，影响他人学习，甚至故意扰乱课堂秩序。如此恶习，不管是对自己或是他人，都造成了极坏的影响，听课效率大打折扣。让人难以理解的是，很多老师面对这样的情况，竟然视而不见、放任自流，依旧讲得“津津有味”。试问，在如此情况下，何来好的教学效果呢？

习惯成自然，良好的学习习惯，能使学生少走弯路而达到学习的最佳效果；而不良的学习习惯，则会成为学生学习上的阻力，使其离成功越来越远。很多教师只把眼睛盯在成绩上，这未免有些短视。学习成绩是一时的，这次考得好，下次未必考得好，而学习习惯是终身的，它对人的影响是广泛的、深远的。有的教师在教低年级时能够得心应手，而随着年级的升高却越教越吃力。这个情况的出现就跟教师习惯只突出知识的灌输，而不关注学生学习习惯的形成是有直接关系的。教育归根结底是培养学生形成好的习惯。良好的习惯是学生所储存的资本，会不断增值，而人的一生都会享受它的利息。

学习习惯不好，学生自然有推卸不掉的责任，但作为教师，是否也应该从自身找找问题？是不是没能引导形成良好的班风？班风本身就是一种环境，不良的班风会使学生如温水中的青蛙，在不知不觉中纪律松散，沾染上许多坏的习惯；是不是任课教师组织能力欠缺？没有组织，没有要求，只满足于把知识搬运给学生，而不能灵活应变教学中的生成问题，无法调动学生参与课堂的积极性；是不是教师在讲解知识点时缺乏必要的情境创设？致使课堂枯燥乏味，学生注意力涣散。

教师必须严格要求学生，对课堂该养成的习惯进行扎实的训练。当教学过程中我们发现一些不好的苗头，譬如个别学生注意力不集中、说闲话时，教师必须防微杜渐、及时制止，并告知学生课堂上应有的好习惯和应克服的坏习惯，促成全班同学的共同监督。如此，才能阻止课堂“破窗现象”的发生。

学生学习习惯的培养并不难，只是需要从小事开始，持之以恒。在教学中，有许多的“细节”，诸如坐的姿势、读书的姿势、回答问题的声量、整理笔记的习惯、对错题的处理等，教师在教学中要注意在这些细节上引导学生养成好的习惯。合抱之木，生于毫末；九层之台，起于累土；千里之行，始于足下。这句话教导我们必须注意从一点一滴的小事抓起。习惯是经过重复或练习而形成的自动化了的行为动作，它不是一朝一夕就能养成的，而必须有一个不断强化、持之以恒渗透的过程。对于学生学习习惯的培养，千万不能一曝十寒，浅尝辄止，奢望一蹴而就，通过向学生提一两次要求就使其形成良好的习惯，这只能是一个空想。只有坚持不懈地进行要求和规范，学生的好习惯才能形成。

在习惯的培养上，教师自身的示范作用不可低估。学生在学习中接触最多、关系最密切的莫过于教师了。可以说，教师就是学生的第一模仿对象，我们在日常生活中想必也经常听小学生这样说："我们的老师是这样说的。"这就是一个实证。而中学生，可能要更成熟一些，但他们仍会从教师那里"模仿"或学习相应的行为。因此我们可以得出结论，要想让学生养成良好的学习习惯，那教师自己就一定要养成良好的教学习惯。如果要求学生主动学习、勤于思考，而教师却没有读书学习的意识和行为；要求学生做作业画直线时要用直尺，教师在讲课时却徒手在黑板上画弯弯曲曲的"直线"；要求学生写正确、规范的字，自己却在黑板上、在学生作业本上"龙飞凤舞"，那么在这样的"模范带头作用"下，学生怎么可能养成良好的学习习惯呢？

发挥学习目标的"导航"作用

我曾经听人讲过这样一个小故事：

美国前副总统戈尔夫妇无意间得到了一条十分可爱的狗，

两人欣喜异常，马上带着这只很讨人喜欢的狗，直奔戈尔的一个好朋友——一位专业驯狗师的住所。

驯狗师看了看戈尔，然后把目光停留在狗的身上，问道："那么，这条狗的目标是什么？"戈尔夫妇一听，有点儿摸不着头脑，心里想："狗有目标吗？我们怎么不知道啊？"于是便耸耸肩，双手一摆，幽默地回答："也许它的目标是努力成为一条狗，而不是猫啊什么的吧。"

"对不起，我不能帮助一条没有目标的狗来进行训练。"对方摆出一副爱莫能助的样子。戈尔夫妇只好带着他们的宝贝狗儿，悻悻而归。

整整一个下午，戈尔把自己关在书房里，满脑子想的都是这条狗的目标究竟是什么，却始终想不出个所以然来。于是起身走到花园里，打算透透气。

在他们家的小花园里，他的四个孩子正在一起嬉戏打闹，玩得不亦乐乎。他突然脑子里灵光一闪，有了，狗的目标有了。

他马上帮狗制定了两个目标：第一就是和孩子们打成一片，做孩子们最亲密的玩伴和朋友；第二就是晚上看家护院，当孩子们和自己的守护神。

戈尔再一次把狗送到驯狗师朋友那里。由于有了明确的目标，驯狗师马上开始对这条狗进行专门训练。不久，一条训练有素的狗出现在了戈尔家中，它不光成了孩子们最忠实的玩伴和朋友，而且在夜深人静的时候，还肩负起了看家护院的职责。

这个故事听起来很新奇吧？我们暂不讨论这个故事的真假。一条狗有了目标才能成为一条真正的好狗，这就是目标的魅力所在吧。反观我们的课堂教学，不管是新授课还是复习课，有无明确的“学习目标”能是一样的效果吗？

如果将上一节课的过程比喻成一次旅游，试想，如果游客不知道自己的目的地，在游览过程中始终迷迷糊糊，是不是这个过程会变得既疲劳又缺少乐趣？学习目标，就像游客的“导航仪”一样，它能为其指明前进的方向，引领着学生走向终点。人只有拥有目标，才能有的放矢，这个道理用在学生的学习上也是一样的。学习目标是课堂教学的出发点和回归点，其制定是否准确清晰，不仅影响着教学过程的展开，在很大程度上也影响着最终的学习效果。

学习目标的三大功能：一是导学——确定教学范围、教学内容、教学重点和难点，以及学生的原有学习基础等，引导学生自主、积极地参与到教学过程中；二是导教——确定教师将采取的教学步骤、教学环节以及每个步骤或环节会采取的教学方式，指导教师有条理地去完成教学计划或任务；三是导测量——明确学生要达到的学习要求或水平，为教师本人及教育监督者提供检测的标准和依据。

但在实际教学中，许多教师往往比较关注教学内容，关注教学环节的设计，而对于学生学习目标的制定未给予足够的重视，这其实是一种认识的偏差。

目标的不明确，常常会导致以下情况的发生：

1.教师的教学行为出现“过”或“不及”的情况。教学太

“过”是人为加重学生的负担，尤其是加重学生的心理负担；教学“不及”则使学生无法完成学习任务，为学生的后继学习制造了障碍。

2.教学活动无法正常实施。内容决定形式，教学内容是载体，面对这样的载体，我们选择怎样的形式去呈现和组织它，这在一定程度上是由学习目标所决定的。

3.随意性较强。由于学习目标不明确，教师授课的逻辑体系混乱，造成学生无法明确知识的前后联系，无法构建知识的完整网络体系。

或许我们可以从当下中国基础教育改革的一些知名学校的做法中得到启示：无论是洋思中学的“先学后教、当堂训练”、东庐中学的“讲学稿”还是杜郎口中学的“自主学习”等教学模式，归纳起来都属于一种“目标教学”，即在他们的课堂上，首先出现的都是“学习目标”，要求学生做到什么就清清楚楚、明明白白地在学习目标中呈现出来。一节课下来，始终围绕着学习目标展开教学，第一个目标完成了，接着就进行第二个、第三个目标。目标达成率越高，本节课的效率就越高。

在目标的设计上，要尽量做到通俗易懂、明确且能检测。因为“学习目标”是给学生看的，必须要让他们能够理解。目标不是做样子，有些教师弄了一大堆目标，在大屏幕上一晃而过，学生甚至都没有读一遍，何以能起到“导航”作用呢？

也有人说，目标设置了，是不是就阻碍了课堂上丰富多彩的“生成”？当然，我们强调“生成”，呼唤“生成的课堂”。但预设和“生成”并不是井水不犯河水或水火不容的，相反，它们水乳交融、和谐共生。“生成”离不开科学的预设，预设则是为了更好地“生成”。只要我们因势利导，巧妙解决“生成”，就不会置“动态生成资源”于不顾，扼杀学生的创造性思维，反而能使教学沿着更佳的轨迹运行，体现“山重水复疑无路，柳暗花明又一村”的教学境界。

打造优质课堂，学习目标设置一定要到位，师生围绕着学习目标展开教与学，一个目标完成马上直扑第二个或第三个学习目标，心中装着学习目标，老师知道怎样来设计教学流程，学生清楚本节课要达到怎样的一个程度。无视学习目标设置的教师，一节课下来必定失去追求的方向，教师随意，学生散漫，有效教学将无从谈起！

让学生像考试一样紧张

我在江苏洋思中学学习时，听到了一条经验：在课堂上让学生始终“像考试一样紧张”。是啊，一节课是否高效，当然取决于课堂上学生是否“紧张”“专注”，是否全身心投入。这看似再简单不过的道理，对提高课堂效率而言，却有着十分重要的意义。

观察我们的课堂，不难看到以下的情景：

上课了，教师缺乏对学生的组织和管理，在一片乱哄哄的氛围中，教师旁若无人地开始讲课，全然不顾学生们在做些什么。等学生安静下来了，注意力集中了，五六分钟的时间已经过去了……

教师组织学生合作学习，由于缺乏对学习方式的具体指导，或者是随意将几个无头无脑的讨论题抛给学生，结果，课堂俨然“放了羊”，乱成一团，很多学生趁机脱离了学习任务，聊起了闲篇儿，甚至打打闹闹……

教师一节课的教学缺乏设计、内容松散，教学环节之间缺乏过渡和串联，教学流程断断续续，造成学生常处在无事可干的状态，几乎打起了呵欠……

课堂练习缺乏层次，没有考虑到学生之间的差异，基础差的孩子还在费劲地解题，学习能力强的学生早已左顾右盼、交头接耳……

对学生缺乏必要的训练与规范，学生缺乏执行力，当教师下达某个指令时，学生没有迅速执行的意识和习惯，在磨磨蹭蹭地找书、找本、找笔的过程中，大量的宝贵时间被浪费了……

诸如此类的状态，何谈“像考试一样紧张”？

要将45分钟的课上出质量，说白了，就是要让学生在课堂中的每一分、每一秒都有事可干，每一分、每一秒都在听、想、说、读、写、练等有效的学习活动中度过。教师的首要任务，无非是要通过合理地布置任务，想方设法调动起学生的精气神来，让他们的大脑在课堂上保持高速运转的状态。

那么，究竟如何实现“让学生像考试一样紧张”呢？

首先，对课堂的有效组织很重要。没有组织和管理就没有课堂的高效。上课伊始，教师可以通过一个学生感兴趣的故事，创设一个吸引人的情境，或者通过一组练习迅速带领学生进入训练和思考之中，使一个班级的几十个孩子将松散的注意力在最短的时间内集中到一起，从而为课堂的紧张状态开个好头；而上课的过程，每进行一个教学行为教师都要有清晰的部署，学生如何读、如何听、如何写、如何思考、如何回答、如何参与小组讨论、如何记笔记、如何完成练习等，教师都应有简单明确的指令，并经过训练帮助学生形成习惯，促使学生个个专心学习、严守纪律，培养学生良好的学习习惯，培养合作的精神、成功的信心、学习的兴趣，逐渐达到“一声令下”“一呼百应”的效果。

其次，限时意识很重要。学生在完成某些学习任务的时候，譬如自学某些学习内容，或者完成一组训练试题时，如果教师不限定时间，任由学生在宽松的时间里不紧不慢地完成，甚至一次又一次延长时间，久而久之，必然导致学生精神上的松懈，养成散漫的习惯。因此，教师有必要在学生读书、自学、讨论、练习等教学时段限定时间，2分钟也好，5分钟也罢，总之要明确地对时间提出要求，严格执行。只有让学生意识到，当教师布置某个学习任务后，自己必须按照教师的要求像考试一样迅速进入状态，才能达到最佳的教学效果。

最后，教师给定的任务要适合。很多时候，课堂上呈现出缺乏紧张度的状态并非学生的原因，而是教师的任务给得不合适。譬如，让学生通过完成一组自学题目来完成自学任务，本能够发挥学生的主体作用，是一个很好的教学设计，但是由于教师将自学题目设计得过于容易或者过于难，造成学生要么不感兴趣，要么无从下手，直接降低了学生的紧张度。教师在布置任务时必须清楚，只有那些处于“最近发展区”的训练内容，学生“跳一跳，够得着”，才会最大限度地激发学生的学习热情。因此，是否熟悉学情，是否能够根据学生的实际情况来确定学生的学习任务应当成为教师心中常思常虑的问题。

由于考试要在规定的时间内完成规定的任务，因此会促使学生的注意力高度集中，思考、写字的速度也比平时都要快，人的潜能也会得到最大限度的发挥，所以我们才提出课堂上要让学生“像考试一样紧张”。因为时间是个常数，学生要掌握的基本知识也是一个常数，假设课堂上学生松散懈怠、松松垮垮，不能高质量地完成学习任务，自然地，教师就只能将一些知识的练习安排到课后，如此一来学生的负担便会加重，就要靠打“持久战”来填补上课时所挖下的“大坑”，师生叫苦叫累也就不值得同情了。

别让 45 分钟缩水

曾有人求教语文特级教师宁鸿彬如何提高课堂的教学效率。宁鸿彬老师只强调了一点，即反浪费。这一回答可谓一语中的，这应该引起我们的警醒和思考：看看在我们的课堂上，到底有多少行为没有价值？到底有多少语言属于废话？到底有多少时间学生是在无所事事中度过的？一些不良习惯和思维定式往往支配着教师，致使课堂教学中浪费时间的行为比比皆是，使我们的45分钟课堂大大“缩水”。

有些浪费现象是一目了然的，譬如，有些教师不能提前候课，上课铃响后才不慌不忙地走进课堂，有的甚至迟到好几分钟，把一堂45分钟的课人为地缩短了。有些教师总是不能按时开始讲课，喜欢扯些与教学无关的“闲篇儿”，或进行枯燥乏味、没完没了的 “说教”，从而挤占了真正的授课时间。

再如，有个别孩子违反了课堂纪律，有些教师不能做到冷处理，而是中断讲课去解决，这样浪费时间不说，教师的整体教学思路也必然会被打乱。

当然，也有部分教师因为备课不充分，在讲课的时候出现“卡壳”，甚至冷场的现象，教师尴尬，学生感觉无趣，课堂时间无形之中被浪费。

以上现象都会导致教师无法完成预定的45分钟的教学任务，于是，很多时候教师只得靠拖堂来延长教学时间，导致学生无法得到充分的课间休息，又反过来降低下一节课上课的效率，导致下一节课的再次拖堂，恶性循环，形成拖堂的“多米诺骨牌效应”。

其实，如果教师能够形成良好的上课规范，这些“浪费”现象是比较容易消除的。譬如准时候课，上课不做无关的事，不因课堂中的小问题影响大局，充分备课，等等，都能够避免“浪费”。深究我们的课堂，还有一些隐藏更深、危害更大的

“浪费”行为，更应该引起教师的警觉：

“热度”高“深度”浅。课堂变“活”了，在一定程度上激发了学生的学习兴趣、学习热情和主动精神，但在“参与”和“活动”的背后，却透露出浮躁、盲从和形式化倾向，学生内在的思维和情感并没有真正被激活。“自主”变成了“自流”，课堂展现的是学生肤浅表层的，甚至是虚假的主体性，失去的却是教师有针对性的引导、点拨和有效帮助的重要助力；合作有形式却无实质：学生之间在缺乏问题意识和交流欲望的背景下展开的讨论，纯属应付交差，这样的讨论缺乏平等的沟通和交流，缺乏深层的思想融合与碰撞；探究有形无实，学生只是按部就班地经历探究过程的程序和步骤，缺乏好奇心的驱使和思维的探险以及批判性的质疑，从而导致探究的形式化和机械化，合作学习也就变成了没有内涵和精神的“空壳”。课堂虽然极度热闹、喧哗，类似于“茶馆”“集市”，但极少让学生产生学习的兴趣，究其原因，就是课堂教学缺少思维的力度和情感的温度，肤浅得像一杯白开水，淡而无味。

“问题”多“思考”少。“满堂灌”改成了“满堂问”，整个课堂被教师提前设定的一长串问题贯穿。这本也无可厚非，但遗憾的是，教师得到答案的心情太过急切，往往是问题提出来，根本不给学生思考的时间，就直接带领学生去寻求答案，结果自然是收效甚微。我们应该认识到这一点：提问的目的在于训练学生的思维，学生经过自己的独立思考，并将思考的结果以语言的形式加以完整表述，才有益于学生对问题的深入理解，有益于启发学生的智力，培养学生的分析能力和解决问题的能力。对学生的回答，我们不能只满足于结果，更要追溯学生得出这一结果的理由，这样，学生才能一通百通，真正做到“学会”。

“表扬”勤“实效”差。有些教师懂得尊重学生，但这种尊重很多时候变了形，从一味惩罚走向了另一个极端——一味表扬。在这些教师的教学中常常充斥着这样的语言：“你太聪明了”“答得太好了”“真了不起”“你真棒”等。真心地表扬少数学生还可以，整堂课都充满这样毫无启发性的语言，不仅弱化了学生的心智、浪费了教学时间，还可能使班里形成相互吹捧的风气。这种表扬与夸奖的滥用，会让学生习惯性上瘾，也会导致学生思考问题浅尝辄止、表述问题随意而谈，这也是浪费时间和精力的一种体现。

“布置”密“检查”疏。有的教师喜欢随机布置一些任务，诸如，下课把书读两遍，把错误的题目整理好，把该背的问题背下来，等等。但说过之后，教师很快也忘记了，这样有“布置”无“检查”的教学环节，让教学更为低效。

这诸多的行为，表面上是在进行教学活动，实际上，这也是在空耗学生的时间，会造成课堂教学有效时间的大幅度缩水。

课堂教学是一种有目的、讲效益的活动。那种不计效益和投入成本、不考虑教学实效性的课堂教学行为，是一种对学生与教育不负责任的表现。当前，这种浪费教学时间的现象很常见，因此，反思课堂浪费、减少课堂浪费、杜绝课堂浪费，是我们提升课堂效益的出发点。

挖掘富有学科特色的学习方法

有一个语文老师跟我抱怨说："现在这些孩子可真难管，我每天都要求学生预习，可每天上课，都有相当一部分人没有预习，弄得我课都没法讲，你说这课还怎么上？"

我想，无论学生出现任何问题，都不能简单地将责任归结到学生头上，所谓"学生有病，教师吃药"即是此意。这个语文老师烦恼的问题暴露出了隐藏在他的日常教学中的"漏洞"：要么是教师关于预习的指令不清晰，要么是教师没有做好前期工作，学生不知道如何去进行语文学科的预习。

这里就涉及一个问题：教师是否有必要针对不同学科，教给学生不同的学习思路和学习方法？

很显然，任何学科都有其自身的特点，因此要掌握该学科的相关知识也需要具备一些符合该学科教学规律的特殊方法。教师的教学，不仅要完成知识的传授，更要引导学生形成学科思维，掌握学习该学科的基本方法。就像我在上文中提到的那位语文老师，如果他在平时的教学中教给了学生们学习语文课文的基本步骤，对预习结果的检查方式等，或许就不会出现他所言的"相当一部分人没有预习"的尴尬局面了。这就是我们通常说的"授之以渔"。可惜，在跟很多老师进行交谈的过程中，我发现了一个非常令人遗憾的事实：虽然有的老师教某个学科几年甚至十几年了，但他仍然无法做到言简意赅地总结学习该学科的本质规律。如果教师心里都没有"渔"，何以能

“授之”呢？

因此，要提高课堂效率就必须提高教师本身对学科规律的认识，这样教师在授课时才能高屋建瓴、游刃有余。

上初中的时候，我的历史老师曾教给我们全班同学一招：背目录。在他的历史课上，如果不能把历史课本的目录按照先后顺序准确无误地背出来，那是过不了关的。哪些朝代在前，哪些朝代在后，历史事件的先后顺序如何，历史人物出现在哪个历史阶段等，必须烂熟于心、了如指掌，在此基础上，才要求我们去掌握事件的背景、经过、意义等其他更深层次的内容。

这个做法看似简单，但却极其有效。仔细想想，这不正符合记忆历史知识的基本规律吗？当需要记忆的内容纷繁复杂的时候，最重要的不是一头扎进去，背它个昏天黑地，而是要能够跳出来，梳理好内容的脉络，搭建起知识的框架。这就像我们在家里放东西，如果乱放一气，找起来就很麻烦。而如果每一个抽屉都分门别类地去储存东西，当我们需要寻找的时候，通过判断物品的类别就能迅速找到其存放的位置，效率岂不就高多了？

我的历史老师就是这样简单地把学习历史的方法教给了我，这一方法让我受益终身。

再如语文课学习课文，读的时候要边读边标出自然段序号。这是一种好习惯，也是一个好方法。为什么？因为这能够使人以最快速度梳理出文章的思路。阅读时，要讲求勾勾画画，做点标注。这些看似简单不过的做法，却符合语文学习的基本规律，在勾画和批注的过程中，一个人才能真正“进入”文章内容，阅读所得才能“外显”，做到这些，学习的效率自然就高了。如果只满足于用“眼”来读，效果显然会大打折扣。

学习英语也有规律。中国人学英语的最大阻碍就是缺乏语言环境，缺乏实战场所。如果老师讲课中不用英语，学生回答问题时不用英语，那就是连课堂都构不成“英语环境”，那学生还怎么能学好英语呢？因此，最重要的是要创设用英语交流的情境，并教学生“胆子大”“脸皮厚”，敢于把自己学的东西在相应的场合说出来，不怕错，不怕出笑话，这样才能把一个人的英语水平练上去。

至于理科内容，如数学、物理、化学等，则要注意强调得出结论的过程。要善于引导学生完整、周密地说出或写出解题过程，训练思维的缜密性，突出所有结论皆有“所据”，杜绝“蒙出来”的没有根据的答案。这是一种基本的学习方法和科学态度，逐渐训练，形成习惯，再学起来就轻松多了。

把握“讲”的分寸

近两年，我跟老师们打交道时，发现大家常常困惑于课堂上到底该不该讲，该怎么讲。这也难怪，一些所谓的高效课堂模式流行以后，似乎大家都在宣扬“15+30”或“0+45”的教学时间分配，也就是把“讲”限制在15分钟内，甚至不讲，很多学校硬性规定教师课堂上讲的时间，拿着秒表来计算，超过规定时间则视为不合格、不过关，“一票否决”。这必然使老师无所适从、莫衷一是。

其实，从根本上说，做教师不讲是行不通的。关键问题是如何讲，讲什么，把握好“讲”的分寸。所谓“讲”与“不讲”，其实质就是对接受式教学和主动式教学进行选择。我的观点是，依据学情，教学内容适宜哪种教学方式就选哪一种，又何来“讲与不讲的比例”之说呢？

学生的知识建构与成长要靠自身去完成，教师的“讲”建立在“不讲”的基础上，“不讲”是“讲”的前提，“讲”要视学情来抉择，也就是将接受式与主动式结合起来实施课堂教学。“讲”与“不讲”在课堂教学中视情况而转换调整，而不应局限于其中的一种。正所谓，最适宜的就是最好的。

之所以传统的“讲”受到如此猛烈的抨击，我想原因还在于课堂上所出现的大量的“滔滔不绝”的、“满堂灌”的积垢。最近这些年，“自主”“合作”“探究”的教育理念也成了老师们的“口头禅”，但一回到课堂，很多老师还是陷入了“我讲了你才能会”的误区，以为只有讲过了学生才可能学会，只有讲过了自己才会心安理得，从来没有真正从心底里相信知识“不讲”也能够由学生独立掌握。怀着这种想法，教师们“口若悬河”也就不足为奇了。我们之所以不经意地就跌入讲解的怪圈，另外一个重要的原因，就是教师的备课准备不充分。备课不细，抓不住重点，抓不住学生会与不会的界限，不重要的、学生已经会了的，教师还在津津有味、滔滔不绝地讲解，甚至越是学生明白的，教师讲得越多，为什么呢？不客气地说，因为这些地方教师也最明白，讲起来最“得心应手”，因此怎肯放过在学生面前“炫耀”一把的机会呢？自然也就越讲越细了。只是如此一来，教师是“过瘾”了，但45分钟也就被消耗了。

要把握好“讲”的分寸，教师的心头应该刻上四个“不等式”：

老师讲了≠学生听了

学生听了≠学生懂了

学生懂了≠学生会了

学生会了≠学生会学了

这四个不等式告诉我们，“一言堂”往往会导致学生只带着“耳朵”，没带着“大脑”，教师所谓的“我讲了你就应该会”并非颠扑不破的真理。只有认识到这一点，我们才会从根本上扭转自己的观点，从而调整自己的教学行为。

况且，课堂是动态的，也是生成的，即使我们准备得再充分，也会出现难以预料的新的走向，一堂课不可能完全按照我们课前预设的情形来进行，那种奢望按部就班、一讲了之、一劳永逸的想法显然不切实际。

在“讲”的分寸问题上，有人提出了“三讲”“三不讲”：

“三讲”——讲易错点、易混点、易漏点；

“三不讲”——学生已经学会了的不讲、学生通过自己学习能够学会的不讲、教师讲了学生怎么也学不会的不讲。

“三讲”“三不讲”的提法虽然很简洁，但颇有道理，值得每一位老师去仔细琢磨。我们应该意识到，知识不让学生主动去感悟获取，问题不让学生自己去探讨解决，疑难不让学生自己去分析弄懂，一味由老师包办，时间长了，你的学生就会像饭店里等吃等喝的客人，最多也就会点点菜而已，至于做好这些菜需要哪些原料、需要什么样的操作流程、应该注意哪些事项，学生根本不会用脑子去想。慢慢地，学生丧失了学习的主动性，甚至不会学习了，这样的课堂我们还能期望获得好的教学效果吗？

再谈教师的“讲”

学生并不会排斥教师的“讲”，关键是怎么讲。

教师的“讲”，首先要针对学生的实际，让学生听懂。做到“教师开讲有益，学生开听有获”。前不久，一位班主任告诉我：她班里的学生对某门学科能听懂了，她很高兴。因为上学期，她的学生大多未听懂这门课。让学生听懂，这是对教师讲课最基本、最起码的要求。我们不要把学生的水平想得过高，我们是某个学科领域专业毕业的，在我们眼里，某些问题的确非常简单，但对学生而言，特别是对基础薄弱的学生而言，难度可能就很大，甚至类似于听天书。因此，找准内容的起点高度非常重要。

其次，教师还要努力讲得生动有趣，不能让知识的传授变得枯燥、乏味，不能像老和尚念经那样，让人听起来备受煎熬、昏昏欲睡。我们要让自己的讲解有魅力、有味道，让人听起来如沐春风、欲罢不能，如此之“讲”，才能让学生思维活跃，陶醉其中。

最后，要精练。精讲很重要。老师千万不能当碎嘴婆子，不能唠叨起来没完。对该讲的地方，要提前想好怎么讲最简洁。听一个语文老师讲《伟大的悲剧》，最后有个思想教育的内容，她处理得非常简练，她用投影展示一句话，然后语重心长地加以强调：这篇文章告诉我们，人可以失败，但不可以被打倒。课文的讲解到此戛然而止，再无一句赘述。虽简短，却给学生留下了深刻的印象，这比唠唠叨叨用车轱辘话说一大通道理要有效得多。

所以，我们要研究教师怎样讲，学生才能听懂、学好。教师要用好课堂上的分分秒秒，决不能浪费学生的学习时间。要竭尽全力消除无效劳动，首先就要从教师的“讲”下手。

当教研员的时候，我曾经听过一位老教师讲朱自清的《春》。这位老教师功底深厚、经验丰富、阅历颇深。课前他告诉我，这篇文章他讲过很多遍了，每次的效果都不错，这次他做了非常充分的准备，应该会比以往讲得更好。然而，事与愿违，学生似乎并不买账。整节课，这位教师在讲台上滔滔不绝地讲，学生却在下面昏昏然地睡；教师眉飞色舞，声情并茂，学生两眼无神，双目呆滞；教师口若悬河，学生心猿意马。他设想中的那种理想的课堂情状，全无踪影。下课后他回到办公室，气得半天说不出话，他想不通：为什么会是这样呢？

最后，他愤愤地总结了一句："真是对牛弹琴。"

可在愤愤抱怨的时候，我们是不是应该问一问，对牛弹琴是谁之过，难道是牛错了吗？是牛请你去弹琴的吗？牛需要你去弹琴吗？错的肯定是人，是弹琴的人。我们弹琴，为什么要对牛弹呢？弹琴要看对象，要对人弹，要对懂琴、爱琴的人弹，才会有效果。对牛要给青草、给饲料，教它耕田、犁地等。由此来看，我们的教学也要看对象，要根据学生的实际情况，讲到学生心坎上，讲在学生需要之处。这对学生而言，才是"雪中送炭"，教学效果才会显著。

当然，也不要把学生当作傻子。对特别简单的，学生已经掌握或自己学一学完全能够掌握的东西，教师如果还在没完没了地讲，就未免太招人烦了，这也毫无意义。

反馈矫正很重要

我到某校调研，翻看了部分学生作业。应该说，该校教师很认真，批改作业非常及时，也很详细，看得出花费了不少时间和精力。可惜的是，学生做错了的那些题目就堂而皇之、原封不动地摆在作业本上，看不到学生修改或者重做的痕迹。

那么，这样的作业能起到什么作用呢？

反馈矫正，是教学中的一个重要环节。目的是要了解学生学习上存在的问题，对有错误的地方及时给予矫正，以达到教学的最佳效果。实行反馈矫正就是要改变教师只管信息输出不管学生接受信息的效果、只管教不管学的现象。把教师的教学内容和学生的学习效果紧密结合，踏踏实实地把教学目标落到实处，这样才能提高教学质量。

其实，我们的很多教学行为，譬如课堂上对学生听课状态的观察，大量的提问，批改作业，测试，以及跟不同学生的交谈等，都有一个根本的出发点，就是找到学生学习过程中的失误，据此“矫正”错误和“修补”缺欠，这样的教学才更有针对性，效率也会更高。可惜，这一点，被很多老师忽略了。作业留了、判了，试卷出了、考了，但后续的事情却没被重视起来。通过作业、测试，到底找到了什么样的问题，如何去弥补这些不足，教师根本没去多想，致使教学效果打了折扣。

美国教育家布鲁姆提出，95%以上的学生只要给其必要的时间和条件都能达标（除极少数存在智力缺陷的学生外），绝大部分学生成为后进生是由于在学习过程中的累积性误差造成的。在课堂教学中，由于种种原因，总会有一些学生在学习中“消化不良”。例如，某学生学习A段知识时，掌握了90%，教师得到反馈信息后，帮助他及时将10%的遗漏补上，在此基础上，他同样能学懂B段知识的90%，以此类推，他就不会掉队。如果A段知识的遗漏没能及时填补上，理解的误差没能及时矫正，那么，在学习B段知识时该学生就可能会出现更大的失误，他所能学懂的内容可能只有70%，C段则更少，长期这样下去，他就必然会成为所谓的后进生。由此可见，教学中反馈矫正不及时、不得力是学生成绩下降的重要原因之一。如果仅仅满足于教学内容“讲完了”，满足于作业批改了、试卷赋分了，不从根本上克服累积性误差问题，教学就会逐渐陷入“泥潭”。

因此，在课堂教学中应该坚持一个原则：有错必纠。只要发现了学生的错误，不管是大错还是小错，不管是现在的错还是过去的错都不能放过。因为学生的知识是逐步发展的，及时纠正他们的错误，就是为了不影响他们后续的学习。纠正错误的方法也是多样的：教师可以在学生作业本和试卷上批改，也可以找学生当面批改，还可以发动全班对错误的习题进行讲评。对典型性的错误可以在全班组织讨论，通过讨论，加深学生对问题的认识。

很多学校建立了月考制度，目的就是反馈矫正。一个月一次考试，是不是就可以满足反馈矫正的需要了呢？从教学实践看，这样的反馈矫正力度远远不够。一个月的时间，学生的错误会大量累积，真等到月底考试再予以清算，恐怕已是积重难返了。而且学生的学习基础也会随着犯错数增多而动摇，基础一不牢固，学习信心就会逐步丧失，教师再想去改变这一情况就难上加难了。

我认为，为了克服传统教学中循环周期长、反馈慢、矫正不力的弊端，教师必须将教学目标落实到课时，在吃透教材、深钻相关标准文件的基础上，将知识板块按其内部结构分解成知识面、知识线、知识点，并落实到每节课的课堂教学中。在讲授新知识前，先对学生进行复习诊断性测试。其目的是查漏补缺，了解学生有关旧知识掌握的情况，通过复习旧知识和铺垫练习，扫除学生学习新知识时的障碍，把全体学生尽可能带到同一起跑线上，为他们在新课学习中达标打好基础；在教学时，教师通过学生的表情、课堂检测及时得到反馈信息，并据此调控自己的教学行为，矫正学生学习中存在的问题；课后，通过作业、小测试等形式，进一步查找问题所在。不论在哪个环节发现了学生的“误差”，都要及时进行矫正。如错的人数较多，可以进行集体矫正；如属个别错误，则进行个别辅导，帮助学生找出错误的原因并予以突破。

当然，学习是学生自己的事，因此教师更要教育学生对自己输出的信息（口头答问、作业等）进行自我检查和评价，及时对正确的加以肯定、强化，对错误的加以改正，这有利于培养学生良好的学习习惯和提高学习的信心。如在学生做作业时，教师应指导学生进行自我检查，教给他们检查的方法并帮助他们养成自我检查的习惯。可以让他们按原来的解题程序检查自己的作答是否合理，是否步步有据，解法是否可行。与此同时，教师更要要求学生特别重视教师批改过的作业本上所提供的反馈信息。对做对的习题要加深印象，确保下次不犯错；对有错的地方，一定要弄明白错在哪里，不懂的地方可以问老师，要及时改正错误。否则学生做练习时就会只管做，不管对错，交了作业就算完成任务。这样学生虽然在作业上花了大量时间，教师在作业批改上也耗费了大量时间，但却效果甚微，徒劳无功，有投入没产出，甚至有时做得多错得多，适得其反。

一个年轻教师曾跟我谈过他的经验，他原来抓学生做题没抓改错，一次统考出了一道学生平时已做过四五次的题，可学生还是做不对。后来抓了“改错”这一环节后，学生在统考中遇到没见过的题也会做了，因为学生做一个题会一类题，通过做题真正掌握了学习的规律，实现了举一反三，触类旁通。这个经验告诉我们，可怕的不是学生出错，而是学生有错不改错、一错再错。所以教师要把注意力放在抓学生改正错误上，用“反馈矫正”的手段全面提升课堂教学的效率。

迅速了解课堂教学的实效

一节课按照预定的计划上完了，那么，学习目标的达成度如何？教师要能够用简单明了的方式来迅速掌握学生的情况，这样才能第一时间了解学生存在的疑难点，为后续的教学做好准备。

这就需要在课堂最后的10分钟，精心安排验收性质的练习内容。这种练习强调反馈的及时性，旨在进一步巩固当堂学习的内容，全面了解学生在整堂课的学习状况，发现教学中的缺陷和不足，以求及时补救。

通常情况下，设计验收性质的练习要具有以下几个特点：

内容：强调“对应目标”。验收练习的命题必须与当堂需要完成的学习目标相对应，甚至可以简化为对当堂教学内容的简单重复，以“学什么，练什么”为基本原则，防止“学”与“练”脱节，造成学生自信度下降。

过程：强调“测验强度”。要以测试的方式处理验收性练习，首先要强调练习完成的时间，一般需要10分钟，这段时间内教师应要求学生注意力高度集中，保持“测试”的强度。

方式：强调“独立完成”。验收性练习是对个人学习状况的验收，一般不适宜学生之间的“合作”和“互助”，教师要强调完成练习过程中的纪律，避免学生之间的抄袭现象，防止验收结果的“欺骗性”。

反馈：强调“及时明确”。验收性练习完成后，教师要及时以订正答案、个别批改、学生互批等形式，让学生迅速了解自己的问题所在，以求以最快速度进行“补差”。不宜拖拖拉拉，将问题带入下一堂课。

验收性练习是一节课的最后一关，其效果好坏，对学生的学习心理、学习热情将产生很大影响，对教师改进教学也有深远的意义。

练习一般采用以下常见设计形式：

◎“小卷”检测式。即以试卷的形式，涵盖一节课的教学重点，要求学生在规定的时间内完成。可以用书面试卷的形式，也可以采用多媒体展示的方式。这种方式，简单易行，不仅能够检查学生对本堂课教学知识的掌握程度，而且能提高学生答题的速度。教师应当引起注意的是，试卷的题量不宜过大，题型也不宜过于复杂，否则会影响到反馈的速度。

◎“小结”畅谈式。即以口头表述的形式，由学生对本节课的学习内容进行小结。可以是对学习内容的归纳，也可以是谈自己学习的感受和心得体会。教师可以通过学生的口头表述，了解其对学习目标的掌握程度，及时发现问题，及时修补矫正。小结“畅谈”式练习操作起来比较简单，既能实现对学生水平的检查，也能锻炼学生的口头表达能力。但需要注意学生发言的“面”不能过于狭隘，要兼顾到班级各个学习层次的学生，以保证检查效果的客观准确。小结的方式也不宜过于死板，教师可以有创见地运用一些小结的形式，关键在于发挥学生的主动性。

◎“回馈”目标式。即以重新回顾学习目标、回忆学习过程的方式，来总结和归纳一节课的具体达标情况。整个过程要紧紧围绕“目标”进行，回顾的内容要细致，要条分缕析地逐一重温。在这一过程中，教师要随时发现学生不清楚、不扎实的“点”，及时予以纠正。“回馈”目标式的验收练习，要求要具体，千万不能变成单纯地对学习目标的机械记忆，要能够反映出目标落实的过程，以及授课中所强调的重难点、易错点，只有学生能够主动地将这些内容说出来或写出来，“验收”的作用才能得以实现。

◎“质疑”深化式。我们经常听到这样一句话：“学生提不出问题，就说明教师有问题。”很多看似顺畅、深刻的授课过程，都会由于缺乏学生的质疑而遗留下很多问题。因此，在教学过程中，教师要学会把学生质疑纳入课堂的环节之中，甚至将其作为一种验收性的练习来对待：质疑不是学生想不想的事情，而是学生必须完成的任务。

也许很多教师会主观地认为学生提不出有价值的问题，这一点确实有一定的道理，由于学生水平参差不齐，提出来的问题也会五花八门，差异很大。但这并不能否认学生所具有的质疑权利，教师必须培养学生的问题意识，教给他们质疑的方法，这样才能为发展学生的创新能力奠定基础。

需要注意的是，质疑深化式练习，是一种特殊的验收形式。在这一过程中，教师能够通过学生提出疑问的情况判定学生对一堂课所学内容掌握得究竟如何，从而找到矫正补救的思路。它不同于课堂学习过程中的一般质疑，它强调的是针对一节课学习重点、学习目标的质疑，这样的质疑才能达到对整节课教学效果进行验收的目的。

确保当堂过关

我曾经接到过一个学生的“举报信”，大意是，他们某个学科的课外作业太多了，已经到了令人无法忍受的程度，希望我这个领导过问一下，拯救他们于“水火之中”……

信虽不长，但言之凿凿，我当然不能视而不见，于是搞了一个调查，发现情况果然属实。于是，我把那个老师叫过来，跟她沟通了一下。她倒也敞亮，丝毫不隐瞒自己的做法，不过，她也有一肚子苦衷：学校要成绩，我能怎么办？这帮学生的学习能力实在是弱，光靠上课根本掌握不了该掌握的东西，

没办法，只能靠作业，学生做得多了，自然也就会了。

我想，这个老师的观点和做法绝对会得到相当一部分教师的认同。课堂教学效率上不去，只能“堤内损失堤外补”，靠时间战、靠题海战，来把课堂的欠量补回来。

这就涉及一个并不新鲜的教学话题：当堂过关。在45分钟的课堂上，把该做的事做完、做好，让学生完成该完成的学习任务，应该成为每个老师永恒的追求。

林华民老师认为所谓“当堂过关”至少有两层含义：一是学生必须获得的知识与技能目标基本实现于课堂；二是全体学生都实现了真正的“当堂过关”，如果只有一部分或少数学生达标，就不能算是当堂过关。

对一节课而言，教师能有明晰的教学目标，这实际就为教学找到了方向。说简单点，一节课的主要任务就是将这些教学目标变成学生熟识了的、掌握了的知识和技能，或者说，目标的落实情况就是评定一节课成败的最重要的指标。可惜的是，我们很多老师虽然在上课准备阶段总愿意整出几条教学目标，堂而皇之地摆放在大屏幕上，但一到了真正上课时，就把这些目标扔在脑后、不理不睬了。一节课下来，到底哪些目标达到了，哪些知识尚不被学生掌握，老师也弄不清楚。或者是有了一定的“达标”意识，但缺少具体的测量和摸底手段，对所谓达标的情况只是胡乱估计，或者以学生“举手示意”的方式来验收，完全没考虑到会有多少南郭先生滥竽充数。

向45分钟要质量不是一句空话，我们必须将教学目标扎扎实实地落实到每一节课上。

那么，如何才能确保“当堂过关”呢？

首先，师生要有一个共同的认识。依靠45分钟的周密设计和认真学习，所有的学习任务都能当堂掌握，不允许把希望寄托于课外弥补。学生的学习能力有强有弱，可以在目标达成的度上有所区别，但不管这种要求是高是低，一旦确定下来，就应成为一个雷打不动的目标，学生必须通过努力来完成。教师要相信学生的能力，也要努力让学生相信自己的能力。

其次，追求小目标、小环节，讲练结合。有些老师上课贪多，把一大堆目标集中在一起，以致主次不分，烦琐复杂，学生掌握起来非常困难。有经验的老师在授课时，总是注重将大的目标分解，变为若干个小目标，采取小目标、小环节的授课方式，使每个目标对应相应的练习，及时加以训练，逐一完成若干个知识点的学习与巩固。这样一来，学习难度就降低了，学生自然更容易体会到成功的喜悦，而一个个小的成功不断叠加，最终收获的就是整堂课的顺利过关。

再次，精简教师的“讲”，突出学生的“练”。知识不是讲会的，是学会的；能力不是说得的，是练得的。因此，尽最大努力压缩掉可有可无的“讲解”，是每个老师都要下大力气去做的事。这样做的目的，就是保证有足够的课堂时间让学生进行当堂训练。学生听说读写的活动多了，完成的练习够了，目标才有可能真正达成。教师一味地“讲”，知识点的分析看似很透彻，其实教学效果很难达到从教师的融会贯通转变为学生的驾轻就熟。当然，训练不能盲目，要保证训练的内容富有针对性，保证每一节课都有经过教师精心挑选的书面练习。

最后，要有针对性的测试。到一节课的结尾，教师必须对先前“承诺”要完成的目标进行检测，或以书面测试形式进行，或以学生口头小结形式进行，总之，教师要能够迅速了解，这节课学生到底学到了什么程度。不能糊里糊涂地就下课了事。使“过关测试”成为一种教学常规，也有利于学生形成“积极寻求最好学习效果”的思维取向。

当然，即使学生达标程度不错，教师也应适当地布置一些课外探究任务，这是进一步巩固和深化课上所学内容、强化过关效果的重要手段。

科学设置课堂反馈期

提起课堂反馈，稍有见识的教师都不陌生。但何时反馈、如何反馈，则存在一定的困惑。我进课堂听课，通常见到的情况是教师会在这节课即将结束的时候安排反馈环节：一张小卷，一组试题，试图以此来检测本堂课的学习目标的达成情况。这也难怪，大家往往会突出一节课最后5分钟的作用，强调以这5分钟作为“堂堂清”的关键时段，达到反馈整节课教学效果的目的。这种做法无可厚非，但并非最佳方案。我不止一次看到，学生在最后的检测中达标率过低，教师一脸茫然，手足无措，因为此时下课时间已到，已没有办法进行补救，只得眼睁睁地看着这些问题留到下节课了。

其实，课堂反馈作为一种课堂教学的重要手段，并非只能固定在课尾出现，而应贯穿于教学过程的始终。关注课堂反馈需要明确其在课堂不同阶段的表现形式及其作用。教师只有善于利用这些教学手段，才能随时了解学生的学习状态、掌握情况，才能及时做出相应的教学策略的调整。

不同的学科、不同的课堂教学内容，反馈评价的时段一定会有所不同，但不管怎样，这种反馈一定会遵循相应的基本规律。因此，要学会充分认识、科学设置相应的反馈，这样才能提高教学的效率。

如果按照课堂教学的时间段来划分，这种反馈可简单地分为三个阶段：课始反馈期、课中反馈期、课末反馈期。

课始反馈期：上课伊始，教师通过一些问题的设置、练习的安排、作业的检查等，实现对学生学习新知识前的知识、情感等准备情况的了解，为整堂课的教学做好铺垫。例如，语文学科可以了解学生在课前预习的准备情况和上堂课所学知识的掌握情况；数学课可以了解学生的认知情况和学习动机，以使学生积极有效地进入对新知识的学习。课始反馈的基本功能可定位于两点：一是导入，让学生迅速进入学习状态；二是为学习新知识扫平障碍。因此，一节课准备的练习和提问都应该与新授内容有关联，如果只是一味追求复习，而与新知识“风马牛不相及”，反馈效果对提高整节课效率的帮助就会大打折扣。

课中反馈期：在授课过程中，教师除了按预设内容进行教学之外，还必须通过种种手段，及时了解、洞察学生学习中随时可能出现的困惑、疑难，依据反馈信息对教学内容或教学方式进行调整。这一点，往往是优秀教师与平庸教师的分水岭，也是课堂是否能够真正有效的关键。平庸的教师通常过于注重预设内容，只满足于将准备好的知识一股脑儿地“灌”给学生，至于合不合学生的“口味”，是“吃不饱”还是“撑破了肚皮”，则毫不在意。这就使得“教”和“学”脱节，二者之间缺乏必要的桥梁，缺乏信息反馈，缺乏及时调整，教学没有了针对性，教学效果自然不佳。我曾听过这样一堂数学课：每一次练习，老师都会有意识地选择两个学生上台板演，或一对一错，或为不同解法，这就以对比方式，将学生的问题清清楚楚地摆了出来，此时教师再根据情况加以课堂调控，便可帮助学生扫清疑难，使教学效果最优化。

因此，在上课过程中，教师要善于把握三点：一是通过学生的答问、讨论、表情等接收反馈信息；二是引导学生通过教师小结、导读、追问、启发等接收反馈信息；三是强调学生间通过欣赏、鼓励、补充、竞赛等互相接收反馈信息。如此，三者加以综合，课堂就呈现出师生、生生之间的有效信息传递、反馈互动的局面，从而使学生对学习内容理解得更深，感悟得更透。

课末反馈期：就是通常我们理解的在临近课程结束时以小结、练习等方式检测本堂课学习目标的达成度。这个反馈阶段应该有三种功能：一是总结，这节课学生到底学到了什么？以小结的方式回馈目标；二是巩固，及时训练，强化对一节课学习内容的记忆和理解；三是拓展，可以对相关的学科知识进行延伸，拓宽知识面，满足学生深入学习的需求。课末的反馈要强调结果的即时性，我常见到一些老师，在课程即将结束时便安排学生做一大堆练习，这样不仅会加重学生的负担，也会使教师无法迅速了解练习结果，也就无从知道这节课学生收获的多少，如此一来，反馈的价值就打了折扣。

教师要掌握“望闻问切”的课堂技艺

教师与医生在其工作技法上有异曲同工之处，我国传统中医正是通过“望闻问切”之术，根据病人的“病情”，迅速找到病灶，对症下药，以达到药到病除、治病救人的目的。教师也应根据学生的“学情”，制定和调整教学策略，从而达到预定的教学目标。之所以有些教师总是“费力不讨好”，有“苦劳”没“功劳”，往往是对学生的学情缺乏准确的“诊断”，没有遵循“以学定教”的原则。

因此，作为一名年轻教师，要准确把握“学情”，就必须不断摸索和锤炼，掌握“望闻问切”的功夫。

望——教师眼里要有学生，学生的表情往往是内心世界的晴雨表，他是否专心致志，是否疑惑不解，通过学生的神态教师便一目了然。如果学生已经一头雾水，茫茫然不知所以，教师仍置之不理，径自滔滔不绝，结果如何自然可想而知了。

教师的观察应做到三点：迅速而准确、细致而深入、全面而客观。

迅速而准确：学生在课堂上，情绪、表情常常呈多变状态。如果老师在课堂上能够及时采取应对措施，或适当调整教学内容；或稍作教学停顿，就能够改变课堂气氛，及时把学生的注意、思维引向教学的中心。否则，如果对来自学生方面的反馈信息迟迟不能觉察并作出反应，那么课堂教学就有可能脱离教师的控制，也难以完成教学任务。

细致而深入：细致观察就是要能观察到学生的语言、行为、服饰、态度等的细微变化。如果教师及时注意到这些细微的变化，及早做工作，防患于未然，就能避免学生走弯路。反之，对学生的变化视而不见，任其发展，等问题大了，再想去扭转，恐怕就无力回天了。另外，要进行较长时间的反复观察，观察得越多，获得的信息也就越多，对学生的了解也就越深入。

全面而客观：教师要在观察学生时注意多角度、多方面、多途径地观察，了解学生的全貌，不致犯“盲人摸象”的错误。还应注意把学生的校内和校外表现结合起来，课堂内和课堂外表现结合起来，把观察和调查结合起来，做到多管齐下，如此才能“对症下药”，才会“药到病除”。

闻——每个教师都具有“倾听”的能力吗？答案是否定的。许多教师面对学生的陈述和表达，总是缺乏必要的耐心，要么根本不给学生发表见解的机会，要么简单粗暴地打断学生的发言，从而失去了很好的了解学生的机会：不让学生说出自己的思路，怎么能迅速抓住症结，从而开出“矫正”的“良方”呢?

随着课堂主体性、自主性的增强，学生质疑、反驳、争论的机会大大增多，这一切都需要教师学会倾听，成为学生的忠实“听众”。因此，课堂上不管是何等学习基础的学生，无论是说对了还是说错了，无论是说得清楚明白还是语无伦次，教师都要坚持专注地倾听，要在倾听的过程中发现他们困惑的焦点、理解力的偏差、观点的创意、批评的价值。教师应通过自己的体态语，用丰富的表情、动作表现出对讲话学生及其所讲内容的浓厚兴趣。心理学研究表明，让别人听自己讲话乃是人所共有的一种基本需要。作为教师，更应该以细致耐心的态度面对讲话的学生，及时捕捉学生言谈中显露出的各种相关信息，同时，这也是尊重学生的一种体现。在我们的教学实践中，不难见到部分教师在学生发言时忙于板书、翻阅课本等事情，对学生发言的内容心不在焉，这既是对学生极大的不尊重，也是对教学效果的一种削弱。

问——主动出击，了解学情，是教师应该常抓不懈的一项工作。如果一个教师缺乏“从学生中来，到学生中去”的意识，连“不耻下问”“调查研究”的举措都没有，只知道闷着头沉浸在自己的世界中，一条道走到黑，恐怕很难成为真正优秀的教师!

年轻教师往往有顾虑：如果被学生提出一大堆问题、找出一大堆毛病来，那不是“丢了面子”吗?其实，这是多虑了。学生讨厌的不是有缺陷的老师，而是装模作样、有错不改、自以为是的老师。教师不妨定期做个问卷调查，或者召开学生交流会，甚至让学生以匿名的方式为自己提出意见或建议，并据此做出一些教育教学上的相应的调整，这些做法不仅无损于教师的“威严”，相反，会让学生更加信服自己的老师，更加崇拜自己的老师，从而使你的教育影响力大大提高。

切——教师的“把脉”，应该通过精选的题组，以必要的练习或测试作为主要方式，集中反馈学生学习中的问题。当然，教师对待练习或测试的态度要端正，不能连批改和必要的分析都没有，想当然地去找病根。否则，“药方”开是开了，却很可能犯下“不对症”的毛病，后果可能就不是单纯的浪费时间那么简单了。

作为一名教师，要善于做好试卷分析，这是教师的基本功，也是非常重要的工作。如果教师考完试只满足于将试卷发给学生，教学的后续手段就欠缺了一大块。我们必须善于从分析所得的各项指标中得到自己想要的东西，帮助学生取得进步。

从平均分看，与平行班、与以前的考试比较，如果低于正常值，或有较大差距，就要反思自己的教学设计、班级管理是否出现了问题。

从一分三率（即平均分与优秀率、及格率、低分率）可以客观地看出班级里学生的层次、不同学生的掌握程度。如果低分学生人数多，说明教师在教学中不够重视补差工作。如果高分人数少，说明教师平时提优工作做得不够。

从分数段的分布，可以看出本班学生的整体状况，通过观察学生在各个分数段的占比情况，教师可以有针对性地进行查漏补缺。

从卷面情况看，可以看出学生的具体问题。通过考试，诊断出学生在学习中到底存在哪些问题，是知识的问题，还是能力的问题？是教师的问题，还是学生的问题？是教材的问题，还是试卷的问题？是教的问题，还是学的问题？是共性问题，还是个性问题？再依此来对自己的教学设计进行调整，以确保自己的教学活动始终符合班级的“学情”。

从卷面的整洁度来看，可以看出学生的学习态度、学习习惯，为教师后续对学生的培养提供参照。

当然，教师分析问题不能局限于一次考试，要多联系学生生活学习实际、在家在校表现情况，从而得到更客观的、更真实的学生信息。“切”得准，教学才能找到提高效率的路径。

摒弃“对答案”式的讲评

我去听一位老师的试卷讲评课，事前这个老师推三阻四，似乎很不乐意。结果听完才知道，原来是这个老师几乎没做上课准备，一节课就在念A、B、C、D的“对答案”中度过，不仅枯燥乏味，而且远未达到试卷讲评应该有的效果。

这个老师对试卷讲评的处理其实很有代表性，许多教师都认为，试卷也好，作业也罢，学生完成的过程是最重要的，至于之后的讲评，那就无关紧要了。于是乎，课前不做准备，上课拿起习题就讲，无的放矢、信口开河，想到哪儿讲哪儿，讲到哪儿算哪儿，一节课下来，到底讲了些什么，自己也说不清楚，更不用说学生了。

其实，讲评课是一种非常重要的课型，尤其是在复习阶段，这种课型实践效率的高低，对学生的学习效果影响极大。

那么，我们如何上好一堂讲评课呢？

第一，要认真批阅，捕捉信息。

批阅作业、试卷要突出“诊断功能”，为教学“把脉”，发现问题所在。例如对选择题，教师要通过统计，得出正误率，针对一定错误率以上的题目要进行讲解，由分析选A、B、C、D的学生所占的百分率找出学生错误的根源。而对主观题，教师则可选择有代表性的作业和试卷为样本，逐题统计错误率与错误类型，做好批改记录但必须各个学习层次的学生各有代表。在批阅过程中，记录一些学生出现的典型错误答案。这些错误率高的问题，也就是教学过程中的弱点或盲点，应在之后予以重点讲评，对自己的教学进行及时补救。教师还可记录解题思路清晰、方法灵活有创意、试题解答规范，甚至书写规范的学生名单，以便做出表扬，加以激励。

第二，要突出主体，强调合作。

一是要强调学生的自主订正。绝大多数学生接到批阅后的作业和试卷后，首先关心的是分数和名次，接着便会主动关注做错的题目。对于会做而做错（即所谓粗心而出错）的题目，学生多会为此懊悔和自责，教师不必多费口舌；对于那些当时不会做的题目，学生也可能会通过向他人询问答案或查找资料，掌握或基本掌握全部或部分问题的解决方法，对于学生这种主动纠错的积极性，教师应予以鼓励。对于那些不能准确把握答案的题目，学生则会急切地想知道问题的答案和错误的原因，他们的学习动机和求知欲望会表现得最强烈，当教师评讲到这些内容时就可以收到很好的效果。因此，教师大可提早发放作业和试卷，留出一点时间让学生自行查漏补缺，而后再进行讲评。

二是要强调师生互讲，尽量让学生有讲评的机会。讲评不同于教材教学，讲评的习题学生都已经做过，学生对题目的解答已有自己的想法，因此教师大可不必“包办”一切，可以放手让学生去讲。最好的方法是谁错就请谁讲，错哪儿讲哪儿，同时发动其他学生适时补充。这样的做法肯定能调动学生的积极性，不但上去讲的同学能获得一定的成就感，在下面听的学生也会觉得很新鲜，同时由于学生间的思维方式更具相似性，听的学生理解起来也会更加容易。而且在讲评的过程中，上台的同学也会得到多方面的锻炼，其表达能力、场控能力、胆量以至吐字归音都将获得提高。

当然由学生来讲要注意，学生讲的题目应该有所选择，尽量选择一些学生容易有不同想法，学生做题时容易有偏差的题目。其间要做好引导工作，要激励、表扬学生，使学生感到满足，不会因为讲不下去而有挫败感。如果存在的疑问和分歧较大，可以通过同学间讨论、分析得出结论，以“兵教兵”方式进行，印象会更深刻。而当学生对题目完全不懂或毫无头绪的时候，就需要教师来讲了。讲什么呢？讲知识结构，以帮助学生形成知识网络；讲思路与方法，以提高学生的学习能力。

第三，要强化针对，紧扣重点。

这里所说的“针对”，是指对练习中出现的问题要进行归类，找出共性问题，分析产生错误的原因，区分出现的问题在不同学生中的分布情况，区分问题是基础性的还是掌握层次上的，是知识目标上的还是能力、方法目标上的。教师应该特别注意班级前30名学生出现的问题，在此基础上有重点地进行有针对性的讲评，指明解题的正确思路、方法和规律，切忌就错论错。对于个别问题可以安排生生之间进行互评、讨论，或在课内、课外进行个别指导，避免在课堂上针对个别学生、个别问题开展集体讲解，浪费教学时间。因此，讲评时教师要先把题目进行大概分类，把得分率较低，属于教学重点并有一定方法规律可循的题目作为讲评的重点，再归纳总结方法，对于某些题目类型，要设置可让学生“举一反三”的题目进行练习，进一步加深、巩固相应的知识点。

第四，要总结方法，强调拓展。

对于疑难题，教师主要的职责是启发学生如何分析，如何找到解题的切入口，让他们明白有哪些解题途径等，而对于重点内容，则要不断挖掘，逐步拓宽和加深学生的理解，使学生真正弄懂、吃透，还要指导学生总结规律和解题技巧，帮助学生深化记忆，并将题目相关的知识点加以延伸、扩展，使之在学生的头脑中形成知识网络。只有这样的训练和讲评，学生才能学会举一反三、以不变应万变。因此，在上讲评课的过程中，不管是由学生来讲还是由教师来讲，教师都要努力以一些简单的提问引导学生找到题目的关键点，并对个别题目的知识点予以深化、扩展。

第五，要再设练习，强调“补救”。

一般来说，试卷讲评如能够做到突出重点和举一反三的话，效果已经是不错了，但没有讲评到的题目和知识点，对于学习水平较低的学生仍未能过关，试卷中出现的知识、能力方面的问题往往不是一节课就能解决的，为了达到这些目的，与之配套的跟踪训练必不可少。教师可事先根据讲评的重难点以及学生答题的易错点设计一定数量的练习，在讲评后留一点时间或布置学生进行课后练习，以达到反复强化所学知识、提高思维能力、解题能力和形成持久学习能力的目的，当然，不能过分加重学生的负担。有的教师在上完讲评课后，要求学生把做错的试题做上多少多少遍，甚至要求学生抄写试卷，这样除了消磨学生的学习热情之外，毫无益处，根本达不到预期的效果。

追求试卷讲评的有效性

我去听课，常遇到教师这样推托：我这节课就是讲评试卷，没必要听。对教学工作，尤其是毕业班的教学工作而言，“讲评试卷”“订正练习”的确是经常要做的一件事。之所以他们觉得“没必要听”，就是因为在老师的头脑中有这样一种认识：讲评试卷就是“对对答案”，又看不出什么水平，何必要听呢？

事实果真是这样吗？

恰恰相反！同样一份试卷放到不同的教师手里进行讲评，效果是大相径庭的。我听过许多“讲评试卷”“订正练习”的课，不客气地说，有些课堂的效率之低令人瞠目结舌，给人的感觉完全是在无谓地浪费时间。

那么，如何“讲评试卷”最有效呢？

第一，必须在学生完成试卷的前提下“讲评”。学生根本没有提前的思考和理解，没有提前的动笔体验，试卷上空空如也，教师就开始讲评，任凭你讲得再好，学生也会不知所云，这样的讲评效果自然接近于零。

第二，必须在熟知学情的基础上进行讲评。学生虽然完成了练习，但哪些是问题比较大的题目，哪些是绝大多数学生已经掌握了的题目，如果教师没有通过批阅试卷或者抽查来提前了解就直接“开讲”，必然会造成平均用力、重点不突出。可能有些题目学生已经没问题了，教师却还在津津有味地讲，而学生问题比较严重的那些题目，教师却未能细致地讲解到，时间和精力分配不合理，自然就会使讲评收效甚微。

第三，必须让学生“知其然，更知其所以然”。学生的答案对也好，错也罢，教师不要急于肯定或否定，要时刻注意引导学生说出自己得到答案的思路和理由，这样才能真正达到让学生理解掌握的目的。如果一味地2B、4D乱嚷一通，却不知道为什么如此选择，最终的效果可想而知。

第四，必须通过订正试题复习到相应的知识点。练习的目的不是会做某道试题，而是掌握某个知识点。所以，订正练习只是表面现象，教师要善于通过试题，了解学生在某个知识点上掌握的程度如何，以此确立教学的补救方向。

第五，必须通过练习将试卷“讲厚”。所谓“讲厚”，就是将一套试卷讲出两套、三套甚至更多的试卷的效果。要善于在讲解过程中举一反三，特别是对错误率较高的试题，教师需要随时补充同类型的试题，进行订正后的后续练习。这样做的目的就在于迅速让学生对某一类型题目的特点、解题思路、解题容易陷入的误区有一个更深入的了解，使之形成能力的迁移，做到一通百通。

第六，必须有意识地引导学生暴露错误。练习的目的就在于矫正错误，矫正错误的前提是发现错误。如果在讲评过程中一味满足于让优秀生发言，满足于“正确率”“成功率”，以此掩盖学生练习中的错误，是得不偿失的。

第七，必须向学生提供修改错误和整理试卷的机会。试卷讲评完毕并不代表这一教学过程的结束，学生试卷上的错误全部修改完成了吗？必须设立一个环节，给学生提供修改的机会。教师可以通过巡视或进一步批改，了解讲评的效果。对学习能力较强的学生，可以鼓励他们设立错题本，将典型错误分类整理，促使试卷讲评的效果达到最优化。

第八，必须发挥学生的主体作用。试卷讲评并非教师的“一言堂”，没有学生的积极思考、讨论发言，没有学生的相互修正、相互帮助，教学效果就理想不了。

合理布置和处理作业

作业的布置及批改是教学工作极为重要的一环，是提高教学质量的重要保证。科学、合理、及时地布置和处理好学生作业，有利于教师及时发现教与学中存在的问题，了解学生的学习状况，查漏补缺，消除“负积累”，从而提高教学效果。这是一个非常浅显的道理，但在教学实际中却往往被教师疏忽。

在作业问题上，首先应该明确对学生的要求。学生作业必须按时全部完成并交到教师办公室，对未按时完成作业的学生，教师应及时提醒和严格督促学生完成。班主任和科任教师要严格要求、检查学生的作业完成情况，杜绝学生中互相抄袭作业的现象，培养学生独立完成作业的良好习惯。这不仅是教给学生知识，也有利于培养学生诚信的品质。通过权威调查数据显示，学生真正独立完成作业的比例不足30%，这是一个令人震惊的数字。如果教师天天辛辛苦苦批改的作业都是学生“不劳而获”的，那教师的一切付出不都是徒劳吗？

对学生作业的书写要求要严格，培养学生认真书写的习惯，要让学生根据学科特点，掌握必要的解题格式并严格遵循。学生作业要用作业本的形式，一般不使用作业纸，否则，学生边用边“丢”，无法进行错题回顾，作业的功效会大大减弱。教师也需要教育学生收集和整理好作业本，以此作为总复习时的重要资料，从而强化练习的学习效果。

布置作业的量要科学、合理，大学科必须每天都有作业，其余学科根据学科课时安排视情况而定。教师要谨防出现没有作业或不考虑学生实际盲目加大作业量的情况，否则将导致学生对完成作业失去兴趣。也不要安排那些单纯通过机械重复某一操作就能完成的作业，因为它们除了耗费学生的时间和扼杀其学习热情外，几乎别无他用。对安排好的练习内容，教师在布置给学生之前，应该亲自动笔做一做，确定难易，做到心中有数。对个别难度较大的题目，可在布置作业的同时，适当补充例题进行过渡，降低难度，使学生能够更好地接受。此外，作业的题型设置应丰富一些，要充分考虑到学生的承受能力和知识的前后联系。

作业布置完成了就万事大吉了吗？不，作业的处理工作还需要教师进一步发力。处理环节不到位，将使前面所做的工作功亏一篑。

首先，教师对学生作业的批改要及时，不能拖拉。对每天都布置作业的学科而言，当天交上来的作业必须当天批改完成，并下发到学生手中，以此为新课的教授奠定基础。

其次，教师对批改完的作业要认真处理。一是督促学生对作业中存在的问题及时修改。二是对作业中出现的普遍问题和个别问题，要分别采取全班讲评、小组讲评、个别指导等方式予以补救。要使新授课在了解学生情况的前提下进行，做到有的放矢。三是要鼓励学生建立错题本，自觉归纳出现问题的题目。千万不要以为错题是偶然的，背后反馈出的是学生在某个知识点、能力点上的欠缺。教师要敏锐地捕捉到这一点并及时弥补。

此外，对背诵、默写类的作业，教师要根据学科要求，采取学生自查和教师抽查相结合的形式，及时、全面地检查，要常抓不懈。

作业问题看似简单，但却是极容易被教师忽视的问题。美国一位教育家的调查资料显示：不合理的作业是造成学生学习兴趣下降的最主要的原因。因此，作为一名优秀的教师，要加强对作业问题的研究，在教学实践中，逐步摸索规律，使作业的布置与处理发挥应有的作用。

分层次布置课堂作业

提到作业，不少教师脑海中第一个想起来的估计就是家庭作业。这也难怪，一方面，课上完了，自然需要学生课后完成一些作业以对所学内容进行巩固或延伸。另一方面，某些能力差一些的老师，课上不能很好地完成教学任务，学生学得不深不透，没办法，也得依靠布置大量的家庭作业来对课堂教学的缺漏进行弥补，这样一来就会加重学生的课业负担。

我经常问一些老师：你会布置课堂作业吗？很多老师“一头雾水”，反而问我什么是课堂作业。

其实，所谓的课堂作业，也就是我们通常所说的“达标训练”，是课堂建设不可或缺的重要环节。我一直认为，如果一节课的内容学习之后，不能在课堂上完成相应的作业训练，就谈不上什么课堂实效。但是，在实际课堂操作中，“达标训练”这个环节往往会存在“有时间就上、没有空隙可安排”的无奈。很多老师在设计教学流程的时候本来安排了这个环节，但是由于课堂的进程未如所愿，只得把课堂练习这个环节砍掉了，以至于有些老师把这个环节看作调节课堂时间的“可有可无”的环节。这就说明，这些老师并没有真正弄清楚课堂作业对及时反馈、及时矫正学生学习问题的重要意义。课是上完了，学生到底学得如何呢？就此匆匆下课，一切都得画上一个大问号。况且，按艾宾浩斯的遗忘规律来说，刚刚学过的东西，通过及时地完成练习来加以巩固，对提高学生的记忆效果是最好的。

因此，作为教师，首先要学会控制课堂流程的时间分布。缺少时间控制的课堂，就会像老牛赶山一样，走到哪里算哪里。教师要学会“挤”时间，被挤掉的可以是老师滔滔不绝的“讲”，也可以是没有多大实际意义的“讨论”，以此保障能有足够的时间布置并完成课堂作业。

就课堂作业本身而言，要想有更佳的效果，应该注意以下几点：

第一是精挑细选。教师一定要对课堂作业进行精心选取和编写。当下，教辅读物满天飞，尽管国家明令控制，但是，学生手中持有的教辅读物还是五花八门，这类教辅资料质量良莠不齐，可参考性往往不高，因此教师在选择课堂作业时一定要慎之又慎。另外，教师还需要警惕作业设计中的两种不良倾向：一是脱离课本“到碗外边找饭吃”。我们必须明白，所谓

“知识发散”，绝不是提倡不顾教材的体系，任意扩大或缩小训练范围。二是量大，学生在课堂上难以完成。精选需要比较、需要研究、需要有教师做一遍的体验。

第二是分出层次。作业的层次性有两个方面的要求：一是作业的难度要循序渐进，由浅入深。二是要兼顾不同层次学生的认知基础，设计适应差异训练的弹性作业结构。要知道，学生都能学会的课未必是好课，都会做的题也未必是有效的题。所有以丧失差异为代价的趋同性操作，都是非人道的。

第三是强调限时。教师要根据作业量的多少，设定一定的时间在课堂上完成作业，并且，要做到当堂反馈。课堂的效率，并不一定指向所有学生都学会，而是应该通过作业反馈，及时了解哪些学生会了，哪些学生没有学会，到底是哪里不会。及时知道谁会了，是对学会者的最好奖赏，及时知道谁不会，是对不会的学生最好的鞭策和提醒。

本章小结

√ 教师的头脑中要时刻有规则意识，要学会运用规则来管理课堂，要在学生违反规则时予以提醒纠正。这样，“规则”才会逐渐深入学生的内心，并成为真正约束和引导他们行为的“指向标”。

√ 积极的课堂环境显然就是通过一种约束力阻止不良现象的出现，从而为课堂的高效奠定基础。因此，有经验的教师，总会将积极创设良好的课堂环境作为阻止“破窗现象”的重要手段。

√ 当教学过程中我们发现一些不好的苗头，譬如个别学生注意力不集中、说闲话时，教师必须防微杜渐、及时制止，并告知学生课堂上应有的好习惯和应克服的坏习惯，促成全班同学的共同监督。

√ 学习目标，就像游客的“导航仪”一样，它能为其指明前进的方向，引领着学生走向终点。人只有拥有目标，才能有的放矢，这个道理用在学生的学习上也是一样的。学习目标是课堂教学的出发点和回归点，其制定是否准确清晰，不仅影响着教学过程的展开，在很大程度上也影响着最终的学习效果。

√ 要将45分钟的课上出质量，说白了，就是要让学生在课堂中的每一分、每一秒都有事可干，每一分、每一秒都在听、想、说、读、写、练等有效的学习活动中度过。

√ 课堂教学是一种有目的、讲效益的活动。那种不计效益和投入成本、不考虑教学实效性的课堂教学行为，是一种对学生与教育不负责任的表现。

√ 教师的教学，不仅要完成知识的传授，更要引导学生形成学科思维，掌握学习该学科的基本方法。

√ 学生的知识建构与成长要靠自身去完成，教师的“讲”建立在“不讲”的基础上，“不讲”是“讲”的前提，“讲”要视学情来抉择，也就是将接受式与主动式结合起来实施课堂教学。

√ 我们的教学也要看对象，要根据学生的实际情况，讲到学生心坎上，讲在学生需要之处。这对学生而言，才是“雪中送炭”，教学效果才会显著。

√ 教学中反馈矫正不及时、不得力是学生成绩下降的重要原因之一。如果仅仅满足于教学内容“讲完了”，满足于作业批改了、试卷赋分了，不从根本上克服累积性误差问题，教学就会逐渐陷入“泥潭”。

√ 练习强调反馈的及时性，旨在进一步巩固当堂学习的内容，全面了解学生在整堂课的学习状况，发现教学中的缺陷和不足，以求及时补救。

√ 师生要有一个共同的认识。依靠45分钟的周密设计和认真学习，所有的学习任务都能当堂掌握，不允许把希望寄托于课外弥补。

√ 关注课堂反馈需要明确其在课堂不同阶段的表现形式及其作用。教师只有善于利用这些教学手段，才能随时了解学生的学习状态、掌握情况，才能及时做出相应的教学策略的调整。

√ 有些教师总是“费力不讨好”，有“苦劳”没“功劳”，往往是对学生的学情缺乏准确的“诊断”，没有遵循“以学定教”的原则。

√ 缺少时间控制的课堂，就会像老牛赶山一样，走到哪里算哪里。教师要学会“挤”时间，被挤掉的可以是老师滔滔不绝的“讲”，也可以是没有多大实际意义的“讨论”，以此保障能有足够的时间布置并完成课堂作业。

第四章

课堂的魅力之道

——教学要洋溢着温暖的力量

魅力课堂的生态特征：课堂真正以学生为主体，为学生提供“绽放”自我的机会，学习过程是动态的、生成的、民主的、合作的、分享的，师生能深刻体验到课堂带来的幸福感。

做一块吸引学生的磁石

我要当一回老师，我也会像老师对待我们那样，对学生呼来唤去，学生不会做作业，我就骂他们，说他们笨得像猪一样，简直朽木不可雕也。

我要当一回老师，我要拿出当老师的“英雄本色”。谁要是敢打架，我就狠狠批评他们，不给他们一点颜色瞧瞧，他们就不知道我的厉害，看他们还敢不敢惹是生非。

我要当一回老师，上课时，我绝不向成绩差的学生提问，他们上课睡觉，我懒得管，我只要把成绩好的学生管好就行。不过，我对他们的要求会很高，要是哪次考试他们的成绩没有达到标准，就得主动过来挨批，我要让他们个个都怕我。

我要当一回老师，一旦学生违反纪律，就要让他不好过，我要把那些调皮捣蛋的学生狠狠地整治一遍，不仅要他们写检讨，还要罚站、罚抄写，只有这样才能让学生安守本分。

上面的文字摘自一篇学生作文，掩卷沉思，我颇感震惊：这就是学生心目中老师的形象吗？试想，当一个老师以如此形象出现在学生面前，我们还会有心情去谈什么教育教学的高效率吗？古人云：亲其师，信其道。只有一个老师在学生心目中树立了良好的形象，才会真正在学生群体中找到自己的位置。教师应该成为一块“磁石”，将几十颗孩子的心紧紧吸引在自己周围。如此，追求高效课堂才有了资格和资本。

教师是什么？可以说，教师是学生心中的偶像，是学生要拜读的一本无字之书。教师的形象问题是教育工作者的首要问题，它决定着教师一节课的价值，蕴藏着许多隐性的教育情结。

那么，教师形象的树立应该往哪些方面努力呢？

第一，要有得体的仪表。有人说，当教师，年轻人是比较有优势的。因为年轻人打扮得比较时髦、漂亮，容易得到学生的喜欢和认可。这话虽有些片面，倒也不是全无道理。教师得以吸引学生眼球的首要法宝就是是自身的修饰。试想，如果你是学生，你会喜欢一个不修边幅、邋里邋遢的教师吗？反之，一个穿着大方得体，浑身上下干练潇洒的教师，一走近学生，就会给学生心灵一种震撼；一走进课堂，教育就已经成功了一半。而现实情况是，不少教师平时走亲访友都是西装革履、气度非凡，非常讲究，而一到工作日，则是拖鞋配短裤，穿着随意，完全不把教师的外在形象当一回事，这样就大大降低了他在学生心目中的地位。当然，这并不是说每个教师都必须穿得高档、刻意打扮，而是说每一个教师都应该努力做到修饰整洁、穿着庄重得体。不知道大家看电影或电视的时候是否注意过，银幕上所展现的20世纪30年代我国的知识分子，大多穿着得体，风度翩翩，其形象本身就是一种巨大的教育力量。当然，有些年轻教师盲目地追求时尚，浓妆艳抹、奇装怪服，也是万万不可推崇的。

第二，要有健康的心态。除了健康的身体外，更重要的是要有阳光的心态，优雅的教态，幽默流畅的课堂态势语言等。很多老师在课堂上放不下“师道尊严”的架子，总以为板着面孔，一脸严肃，给学生以“高压态势”，如此才能显示教师的“威严”。其实并非如此，我们去看那些优秀教师上课就会发现，他们总是满脸微笑、热情、和蔼、大方，富有童趣、童味，这些无不显示着他们高超的教育技术，这不仅不会使他们失了“威信”，反倒会替他们赢得学生的尊重。反倒是那些盛气凌人、拒人千里，甚至将家庭或生活、工作中的不良情绪带到讲台上来的习气，更妨碍教师良好形象的建立。

第三，要有端正的态度。教师要在教学过程中，向学生折射出自己对生命、生活和事业的热爱，对时间的珍惜，对他人的尊重、热忱和宽容，以及对为人处世的讲究。这会使学生从你身上看到生命的激情、朝气和活力，认为你是一个负责的、可依赖的、可交往的人。这样，既有利于学生心理的健康发展，又有利于教师与学生之间达成心与心的交流，在课堂上形成某种默契，便于教师对课堂气氛的调控和掌握，从而形成一种平和的、协调的师生关系，推动教学相长，师生互进。不可否认，我们有些老师态度不够端正，满足于“我讲完了，会不会是你的事”，把学生成绩不好的原因一股脑儿推到学生头上，不肯去寻找自己的不足，对学生的时间和劳动不尊重，这也会使教师在学生心目中的形象逐步恶劣起来。

第四，要有简练的语言。我们经常看到很多教师无视自己教学语言的质量，甚至还有很多垃圾语言的存在，严重地影响着课堂教学的效果。教师说话要力求做到三点：准确——必须严谨，是什么就是什么，一语中的，绝不能牵强附会，似是而非；精练——语言精辟、概括凝练、逻辑性强、思维清晰、通俗易懂；感染力强——教师要“巧舌如簧”，语言力求生动传神，妙趣横生，使课堂不呆板、不单调、不枯燥，波澜起伏，能够及时调节学生的学习注意力。

第五，要有出色的业务能力。身为人师，你首先应该成为自己所任教学科领域的行家里手。否则，一个教数学的解不出数学题，一个教语文的写不出一篇像样的文章，你凭什么当别人的老师呢？一个有智慧的老师，应该能用简明的方式在短时间内让学生明白你对本专业或该领域是很熟悉的，你不仅能灵活、全面地把握该门课程的各个方面，了解它们的动态，而且还知道它们在实际生活中的应用方式及与相邻领域的关系。这样，学生才会将你视为一个可信、可敬之师。再有，教师要通过教学过程来显示出自己对该课程及专业的浓厚兴趣。我曾经见过一个年轻的物理教师，一次次地在课堂上说自己对物理其实一点兴趣也没有，而且教了这么多年，总感觉不到学物理到底有什么用。这样的做法其实很傻，也很不负责任。因为耳濡目染之下，学生自然会认为：既然老师都认为这门课程学之无用，老师自己都对这门课程没兴趣，我何必还要去用心学呢？作为教师，应该像公司职员维护公司形象一样，维护“学科尊严”，应该在课堂上始终以饱满的热情，向学生传送出你热爱此门知识的讯息。这必然会感染学生，从而促进他们的学习。

要想变成一块吸引学生的“磁石”，教师应该有“形象”意识，必要时甚至应该主动地“推销”自己。我记得在我读初中时，教我们的数学老师第一次进课堂，就把自己的名字“张国锋”三个字龙飞凤舞地写在黑板上，几乎占满了整个黑板。然后，他扭转身面向我们，说：“请大家一辈子都记住我，与我们的主席同名，国锋，不过他姓华，我姓张。当然我希望你们记住我不仅仅是因为我的名字，而是因为我让你们喜欢上了数学！”那种张扬、自信的个性，一下子深深吸引了我们。这种强烈的第一印象，一直留在我的脑海里，三十多年了，依然是那么清晰。当然，“推销自我”不等于编造成绩，盲目吹嘘，甚至通过对同行的教学方法、内容和水平进行贬低，间接抬高自己，这样早晚有一天会被学生识破“庐山真面目”，落得个可笑的结局。

教师要以渊博的学识赢得学生的心

我曾经听友人提起过这样一篇小文章，觉得很有意思，原文如何无从查证，在此不妨拟其语气，复述其大意博君一笑：

屈指算来，已经做了两个月的新生，新生的感觉似乎已经被时间洗得发白，对大学生活的憧憬变成现实的课程一节节地流逝，新生们在逐渐融入大学生活的同时，也渐渐体会出一些大学生活的“真谛”。

以鄙人集两个月的功力分析，教师、教授的水平大体可分为三等：能让学生们个个挺直腰杆，随自己天南海北，上天入地的，此乃上等；能抓住时机在学生半梦半醒，眼睛半睁半闭，将睡未睡之际，突然炸雷似的一声吼“别睡了！”的，此为中等；自己在讲台上讲得唾沫横飞，学生在台下睡得口水直淌，鼾声如雷的，则为下等。

善解人意的课程调配者似乎也明白这个分类，上等课全安排在上午，中下等课则屈尊在下午。于是经过上午艰苦卓绝的“精读”的洗礼，下午便可在老师舒缓平和的“催眠曲”中安然入睡，亲吻桌面，让口水自由流淌。当然，必然有一位同志肩负重任，用火柴棒撑住眼皮，记录笔记。

当然，被安排在上午的上等课也难免鱼龙混杂，吹牛皮、侃大山的说书先生也大有人在。从合资企业的月薪到学校福利分房，从比尔·盖茨的最新创意到国庆阅兵，无所不包、无所不有。只可惜我们在惊叹其将大千世界容纳于小小课堂的同时，却不知其在教授哪门课，真是“孺子不可教也”！

教师学识魅力之高下，在这篇幽默“大作”中可见一斑。虽说的是高校教师，但对中小学老师而言，同样具有启示作用。

自古以来，人类教与学的知识就分为两种。一种可称为“普遍的知识”，它们往往和实际利益、实践运用没有直接关系，而是关系到人类对自己、对世界、对自然和宇宙的一般认识和理解，即现在一般称为“基础理论”的东西。它们虽然不直接具有实操性，但对人性的完善和提高，以及人类文明发展起着重要的推动作用。另一种则是“实用的知识”，也可称为广义的技术。这类知识与社会需要密切相关，具有广泛的实用性，能给人类带来直接的利益。显然，这两种知识都是一个现代人必不可少的，但是作为一个教师，真正能塑造自身魅力、能吸引学生的，还是其对第一种知识的掌握程度，即因熟知那种普通的人文科学知识而使整个人散发出的文化底蕴。文化底蕴不足的教师，永远成不了“大师”，成不了教育家，充其量只能算是一个缺乏创造力的“教书匠”。

大量的事实证明，现代的学生不喜欢那种古板、单一的教师，而是喜欢那些不仅学识渊博，而且兴趣广泛、多才多艺的教师。教师兴趣、特长的丰富性将有助于教师自身人格力量的多方面体现，将会加大教师对学生的影响力，使其成为学生效仿的榜样。这样的教师将会像一块磁石一般，牢牢地把学生吸引到自己的身边，真正培养出“自己的学生”。同时，广泛的兴趣、特长也会促进教师发展，丰富他们的想象力、思考力和创造力。

中国早期话剧活动家、艺术教育家李叔同先生在教图画、音乐时，学生把图画、音乐看得比国文更重要，这是离不开教师的个人魅力影响的。因为他虽然只教图画、音乐，但他所懂的却不仅是图画、音乐，他的诗文比国文先生好，他的书法比习字先生好，他的英文比英文先生的更好……他身上所具备的这种深厚的文化底蕴，显然是一个普通的图画、音乐老师所不能比的。

从学识方面来看，教师应该是走在时代前列的人。自古以来，身为一名合格教师，其必备条件就是要具有深厚而广博的学识。我们都知道，一名理想教师的知识结构应包括三个方面，那就是：广泛深厚的文化科学基础知识，扎实、系统、精深的专业学科知识，全面准确的教育科学知识和心理科学知识。这就要求教师不但要对所教的课程认识“精”，还应对普遍性的知识掌握“博”。所谓“精”就是要“知得深”，对专业知识不仅知其然，而且知其所以然；所谓“博”就是要“知得广”，能触类旁通，具有相关学科的有关知识。时代不断发展，随之而来的便是知识的更新迭代，对于教师而言，这既是机遇又是挑战。夯实专业基础，融会新知，才能更好地适应这个新时代，赢得学生的尊重，成为一名优秀的人民教师。

我曾听人说起过一个生动的故事：

有一天，一个有33年教龄的历史教师上了一堂观摩课。课上得很成功，以至于听课的老师们都沉醉其中，忘了记笔记。课后，人们问这位历史教师：“你花了多少时间来准备这堂课？”历史教师回答：“这堂课我准备了整整一生，可以说，每堂课我都是用一生在做准备，但具体到对这个课题的备课，则只花了15分钟。”

用一生的时间来准备每堂课，这种准备指什么？指的就是阅读，就是终身与书籍为伴，丰富自身。每一堂课的成功，都离不开教师学识的支撑，而这种学识的积累，并非一朝一夕之功，正如故事中的这位历史教师所言，“准备了整整一生”。因此要上好每堂课，我们教师就必须博览群书，补充自己的知识，使自己的思想之流，如潺潺流水，永不枯竭。

目前我们的中小学教师在读什么书呢？《中国教育报》对全国不同地区中小学教师的一次抽样调查显示，目前教师阅读书籍中高居榜首的是教学参考书，其阅读量远远超过了小说、教育理论和文史类、时事类、科技类书籍。可以说，大部分教师的阅读范围，还仅限于“教材附近”，中小学老师“读书少”，是当前的普遍现象。除了教育行政部门规定的那些“走过场，凑满分”的岗位培训进修书籍外，教师很少读理论性书籍，尤其是教育理论和现代教育技术书籍。一些教育学者指出，过分依赖教学参考书说明有些教师的素质和能力存在欠缺。然而，老师普遍离不开教参，确是不争的事实。

“没有时间”“心态浮躁”“急功近利”“好大喜功”是造成当前一些中小学教师“读书少”的根本原因。如果教师自身不求改变，久而久之，必然导致他们从“教师”变为“教书匠”，其学识魅力自然也就越来越少。

保持你的激情

一成不变的面孔，不缓不急的声调，从上课到下课，45分钟严肃的表情；

面对学生精彩的发言、独特的妙想、创造性的思维火花，我自岿然不动，仿佛永远置身事外；

学生有了成绩，我没有发自内心的欣赏，甚至会泼上一瓢冷水：“考了高分”就“翘尾巴”了？还美其名曰：防患于未然；

球场上，学生们为每一次进球、每一次进攻欢呼雀跃，而我为了维护自己的威严形象，只是冷冷旁观，即使目睹学生获得了胜利也只是象征性地笑笑，不肯张扬自己的个性……

这就是我们相当一部分教师的写照，多的是麻木，少的是激情。

李镇西老师说得好，“教育者应该是最有激情的人”。是啊，只有热爱生活、情感丰富、有激情的老师，才能培养出活泼可爱、健康、感性、善良的学生。

想当年，梁启超为清华大学学生上课时，讲到动情处，则手舞足蹈、情难自已，有时掩面，有时顿足，有时狂笑，有时叹息；讲到欢乐处，则大笑，声振屋瓦；讲到悲伤处，则失声痛哭。先生如此激情投入，听课者怎能不被感染？

激情让教师魅力无穷！

教学需要激情，教师有了激情，学生也将情绪饱满，身心振奋，享受着学习的快乐；师生都有了激情，教学活动才能变得生动、形象、感性十足，从而取得卓著效果。

相反，没有了激情的课堂，便如同一潭死水，任凭教师再使用如何华美的语言、如何动听的语调，也不会打动学生，震撼学生。没有了激情的课堂，任凭教师用再先进的现代教学手段，也只是徒增其华丽的外壳，无法改变其内里的苍白。

那么我们应该如何使我们的课堂变得富有激情呢？

首先，课堂激情的激发需要教师“豪情万丈”。一走进教室，教师就应当忘却生活中的烦恼，全身心地投入到自己的教学中，进入教学内容的情境或角色。其语言应抑扬顿挫、妙语连珠、引人入胜，再加上丰富的肢体语言，如手势、面部表情、肢体动作、积极态度、神态等，给予听课者一种美的享受。

其次，课堂激情的激发需要教师“身怀绝技”。一个教师教学效果的好坏，不仅体现在传授知识上，更体现在学生被唤醒和被激励的程度上。教师专业水平高、功底厚，对教材烂熟于心，运用教学方法得心应手，讲解时洒脱自如，效果自然会好，而且能赢得学生的赞叹与钦佩。“身怀绝技”，贵在创新，贵在有特色。教师要依据教学内容的需要，对所要运用的事例和素材加以改造和创新，引入新颖的东西，使之富有新意和活力。只有“新”，才能吸引学生的注意力，才能激发学生的参与热情，才能引导良性的师生互动，让学生在美的意境中徜徉，在美的气氛中获得享受、升华和提高。教师要有深厚的教学功底、高超的课堂驾驭能力、丰富的教学智慧，教师必须边教、边研、边学，苦练内功，才能够提升自己的教学水平，赋予自己的课堂以饱满的激情与不竭的生命力。否则，要想征服学生，使教学受学生的欢迎，就是一句空话。

再次，课堂激情的激发需要教师“满腹活水”。激情生于智慧，而智慧以博识为基。一个思维敏捷、激情奔放、知识广博的教师一定会让学生惊叹不已，百般信服。“问渠那得清如许，为有源头活水来。”要想激情满怀、洒脱自如地搞好教学，教师必须拓宽自己的知识面，在拥有扎实的专业知识的基础上，还应猎取其他领域的知识。为此，教师最关键的是要做到勤读书，勤看报，勤写读书笔记，勤做资料卡片，勤反思领悟、内化知识。一个“勤”字，将引来源源不断的“知识活水”，这是教师保持教学激情的根本所在。

激情，是修养、素质、能力的积淀。让我们激情满怀，在教育的舞台上尽情演出！激情让教师风采无限，激情让教师魅力无穷！

敢于承认课堂失误

三十年前，我在一次颇具规模的公开课上主讲陈群先生的《理想的阶梯》一课，一不小心，在板书的时候，将“陈群”误写为“张群”，自己竟浑然不知。课间的时候，学生找到我，提醒我出现了错误。到第二节课上课，我当着全体学生和一百多名听课的领导、教师的面对学生说：“刚才有同学提醒我，作者的名字被我写错了，对不起，这是老师的疏忽，非常感谢给我指出来的同学，是你让我改正了自己的错误，也避免了对你们的误导。不迷信教材，不迷信名家，也不迷信老师，坚持真理，是我们每个人都应该做的。”

若干年后我和学生聚会，当时授课的具体内容他们都已经忘记了，但学生们却对这个细节津津乐道。在他们眼里，一个敢于承认自己错误的老师，是最值得尊重的。

在教学过程中，作为教师，我们总想出色地完成每一次教学任务，但由于主客观方面的原因，尽管我们精心准备了，还是会有不尽如人意的地方，仍会出现一些细节性的失误。那么，我们应该如何处理这些失误呢？我曾经看到过，有的教师出现失误后，或者掩耳盗铃，视而不见，以为学生也不会发现；或者没有考虑周全就急急忙忙进行解释，结果漏洞百出，造成了更大的失误；或者为了维护自己的面子，强词夺理，为失误辩护，甚至厉声训斥指出错误的学生；或者一会儿一个说法，大汗淋漓，与学生争吵不休。这些处理方式都只会带来一个结果：让课堂陷入尴尬的、不可收拾的局面，也让老师从某种程度上成了学生的“笑柄”。

其实，这些都是极不明智的做法。

教师也是人，也会有过失、错误和不足，勇敢地向学生承认，让学生看到老师的坦诚，不仅不会降低老师的威信，反而会拉近师生间的距离，使师生真正形成一种学习的合作关系。

关于这一点，我们不妨来看看几千年前孔子是如何做的：

子游在武城做父母官时，孔子带领弟子前往。到武城时听到弦歌之声，孔子莞尔而笑，说：“割鸡焉用牛刀？”（《阳货》）言鸡乃小牲，割之乃用小刀，何用解牛之大刀，以喻治小何须用大道。子游辩解说：“昔者偃也闻诸夫子曰：‘君子学道则爱人，小人学道则易使也。’”子游所引的，正是孔子日常所说的话。言君子、小人皆不可以不学，故武城虽小，亦必教以礼乐。

孔子意识到自己刚才说错话了，当场便呼其弟子：“二三子！”提醒学生专心听他下面要讲的话。他说：“偃之言是也。”做老师的，要告诉学生的，不是他的“至理名言”，而是当众承认子游说得对，自己刚才说得不对：“前言戏之耳！”孔子不仅实践了“过而改之”，且当场“分享错误”。认错之快，其心之诚，溢于言表，堪称楷模。

我们每个人都应当扪心自问，如果在教室里回答学生问题时，发现自己错了，我们会不会马上走上讲台说：“同学们，对不起大家，刚才老师讲错了，某某同学的说法才是正确的，我要向大家道歉。”恐怕很多人都做不到这一点，只会内心压力倍增，妄想以某种说辞掩饰过去，如此行径，自是与孔子之举相去甚远。

作为教师，在面对一些细节性的错误时，要敢于面对，譬如出现了口误、板书错误等，千万不要遮遮掩掩。因为当这类细节性失误出现时，课堂教学已经出现了卡壳，正常的教学程序已被打破，如果教师此时能够主动承认失误并立刻改正，失误造成的卡壳就会迅速消失，学生的错误理解也会随之消弭，教学便能得以继续顺利进行，如若不然，一旦学生被这个错误影响，形成了不正确的认知，整堂课的教学努力都将付诸东流，甚至会影响后续课程的教学。人非圣贤，孰能无过？当教师意识到自己的失误后，不要自我辩解，应该放下架子，诚恳地拜学生为“师”，虽然答案已可能“成竹在胸”，但请学生来解答，效果会优于自己的讲述，这也有助于活跃学生的思维，摆脱课堂的紧张气氛。而且，这还能体现出教师“不耻下问”的高尚品德，使之获得学生的理解和认同，避免小错变大错，一错到底，最后积重难返，一发不可收拾。

当然，有些课堂失误是隐性的，学生未必能够察觉。譬如教师在授课中突然发现漏掉了一些重要的知识点，致使授课过程无法顺利进行下去。这时候，教师倒未必非要“以诚相待”“坦言告之”，造成教学的停顿。既然有所“漏”，做到有所“补”也就是了，不过这就需要教师开动脑筋，选择合适的方式方法、寻找恰当的契机将话题过渡到漏掉的知识点，因势利导、随机应变弥补错误，做到瞒天过海，天衣无缝。但面对那些已经发生的错误，教师就万不可为慌乱和尴尬所困，要智慧一点、幽默一点，将错误变成一种有益的资源。譬如下面这个小故事，就是一个“变错为宝”的案例：

一位物理教师在课堂上批评了某学生，该生立即站起来辩解，说得有理有据，老师立即觉察到了自己的失误：是自己对情况的了解不够，错误地批评了该生。学生屏住呼吸，瞪大眼睛望着老师，课堂气氛十分紧张。这时，老师说：“经调查，我认为对××同学的指控不能成立。本人慎重研究后决定，接受该同学的上诉，撤销原判！”学生笑了，那位受委屈的××同学忍不住也笑了。接着该教师又诚恳地说：“今天，我由于对情况了解不够，错怪了××同学。为此，我向××同学表示歉意。我以后遇事一定多调查研究，欢迎同学们监督。”同学们笑了，他们用一种异常的目光望着老师——他们钦佩老师的课堂应变能力，更折服于教师当面认错的襟怀。

这位老师利用学生喜闻乐见的电视剧台词和法律用语，风趣地点出自己的错误，获得了学生的谅解，也为自己留下了改过的余地，增强了课堂的趣味性，增添了吸引力，更维护了学生的发言积极性，使学生以后更加勇于表达自己的见解，可谓一举多得，值得我们学习。

学会幽默

如果教师缺乏幽默感，就会筑起一道师生互不理解的高墙。如果教师具有幽默感，那么，最紧张的、有时能引起长时间气愤的局面就可以得到缓和。孩子们之所以热爱和尊重快乐、不泄气、不悲观失望的教师，是因为孩子们自己是快乐的、具有幽默感的人。

堂堂课照本宣科，节节课味同嚼蜡，你能说这样的教师热爱他的事业，精通自己的业务吗？而讲课生动活泼，能让学生在学习中感到愉悦的教师，不热爱工作、不精通业务、不热爱学生，有可能吗？

如果学生上课时望着窗外走了神，教师打趣说："古人两耳不闻窗外事，一心只读圣贤书，可现在有人来了个'白日依窗尽，学习泡汤流，老是坐不住，心在窗外游'，外面的世界很精彩，可外面的世界也很无奈。"在笑声中课堂秩序恢复了，学生精力集中了，兴趣提高了，岂不是很好吗？而如果教师动辄厉声斥责、横眉怒目，教学效果又怎么会好得起来呢？

说到这儿，我想起了一件听课中遇到的趣事。

当时听的是一堂地理课，主讲的内容是“丘陵和盆地”，在课上完后，那位地理老师说：“这两个概念大家都理解了吧？你们看，我的脸上除了丘陵就是盆地。”他的话把大家逗乐了。原来，不知由于什么原因，地理老师脸上长满了密密麻麻、大大小小的红疙瘩，真像丘陵和盆地。

这样幽默风趣的语言、寓教于乐的方式，连我都久久不能忘怀，又怎么会不让学生对所学的知识终身难忘呢？

这样幽默的事例并不少见。我记得在某位名师讲《故乡》时，也有这么一段插曲：

教师：为了解决好问题，我先检查一下大家自读课文以后，有些东西是不是理解了。同学们在回答的时候，尽可能不要看书。如果实在忘了，怎么办呢？

学生：（小声地）偷看一下！

教师：偷看一下？说得好啊！（师生大笑）别笑，偷看也是一种能力呀！（学生大笑）眼睛很快地在书上扫过，马上找到自己所要的那个词、那个句子，不也是一种能力吗？不过，请注意，考试的时候，可不要培养这种能力啊！（学生大笑）

可见，幽默是“润滑油”，通过它的谐趣、曲折、温和而创造一种和谐友善的气氛，使师生交往变得融洽、自然。

人们在学习过程中会遇到许多老师，而只有那些具有幽默感的老师最受学生欢迎。适当的幽默会拉近师生的距离，解除尴尬的气氛，也会让学生对所学知识加深记忆，促进情感交流。

解放前有位教授叫姚明辉，体弱清瘦，却总是穿着宽袍大袖。入冬，又头戴大风兜，远看只露一副眼镜、一个尖尖的鼻子、一撮翘翘的山羊胡须，样子很滑稽。一天他去教室上课，不知谁在黑板上画了一只人面猫头鹰，而那人面却酷似这位满腹经纶的教授。姚先生定睛细看，毫无怒色，并拿起一支粉笔，一本正经地在漫画旁写道："此乃姚明辉教授之尊容也。"学生笑了，姚教授也笑了，那提心吊胆的漫画作者从此也对姚先生产生了一种"高山仰止"的尊敬。

姚先生在学生面前大度超脱，从容调侃，这没有幽默感是做不出来的。姚先生正是凭借幽默，使课堂教学进入一种"化境"。

教师的幽默不是一般的插科打诨，也不是说些俏语乖话。教师的幽默自有教师的风格，诙谐中有深意，情趣中有哲理，引而不发，导而不堵，适时适势，恰到火候。教师的幽默不是为了逗乐而逗乐，即使"逗乐"，这也只是"外壳"，外壳里面，不是虚无，而是极富思想内涵的教育方式。

不要以为幽默只是一种技巧，它是一种对生活和工作的态度。它不但表现出积极、乐观、活泼、宽容与机智的精神，还具有一种耐人寻味的深刻。可以这样说，幽默感是人的内心世界开放出来的，别人可以直接感受其芬芳的花朵。

彻底消灭“口头禅”

我曾经在一份报纸上看到过一篇回忆性的文章，其中记述了这样一个小故事：

在我上初二的时候，有位女教师讲课时常常带有口头禅。好像是为了强调说话内容的重要性，她一开口就不自觉地加上一个提示音节“ái”，她的这一习惯背地里自然成了学生们的笑柄。以至于只要她一走出教室，总有一两个胆大的学生奔上讲台，装腔作势地说：“ái！大家要认真听讲。”或者说：“ái！笑什么笑，再笑就请你站起来！ái——”每次都逗得同学们哈哈大笑，简直成了我班久演不衰的喜剧小品。

后来，班里有几个“调皮鬼”相约在听课时，暗暗地给老师的口头禅做记录。一节课下来，有时讲三十几次，有时讲四十几次。连续记录了两周，也没有突破他们所盼望的五十大关。于是，他们设计了一个小小的圈套：在一次老师讲完了新课后，故意接二连三地提问。老师浑然不觉，耐心地一一释疑，口头禅就自然而然地喷出来了……“调皮鬼”们喜不自禁，当默数到五十时，班里突然爆发出一阵大笑！

也许如果学生们不去点破“迷津”，这位老师根本不会明白学生“哄堂大笑”的真正原因。其实综观我们的课堂，很多老师都有“口头禅”，而且自己在教学中浑然不知。有些口头禅可能无伤大雅，但有些“口头禅”会给学生产生负面的影响，甚至直接影响教育教学效果。也许学生经过一段时间的适应会习惯教师的“口头禅”，但教师却不能无视这些“没有意义的空话”给教学带来的负面影响。

譬如，当学生发言以后，老师觉得学生听懂了，就会“噢，噢……”，或是“嗯，嗯……”，虽然表示了肯定，但没有具体的评价。对于学生已近乎标准的回答，老师想引起学生的注意，希望学生记住，一般会习惯性地说：“是不是呀？”“对不对呀？”“好不好呀？”于是，学生就会正襟危坐，高声齐呼：“是！”“对！”“好！”而教师则陶醉于整齐划一的回答当中。可细想想，这种口头禅式的提问，对教学真的有益吗？学生的回答不假思索，只为凑热闹，与教师的期望相去甚远。有时，学生回答后，教师不置可否，说“坐下吧”，总是重复这一句，不仅单调乏味，也让学生感觉到，老师就是在应付我，这或多或少也会抑制学生回答问题的热情。

再如，教学过程中，教师既想赶进度，又想启发学生思考，往往也会说一些类似“什么样呀？怎么样呀？是吧？”这样的口头禅，他们常常不等学生回答就会接着讲下去，或是自己提问的话音刚落就自顾自地回答了。这实在让人琢磨不透其用意，如果想启发学生思考，就应多给学生思考时间；如果想讲解，就不要穿插问话，影响表达的连贯性。

另外，部分教师还会在其渴望得到学生信息反馈的时候，抛出自己的“口头禅”。例如，有些教师习惯在讲解某些问题后，问学生“懂了吗？”这样的问题，往往得不到回应。为什么呢？真正懂了的学生懒得回答，一知半解的学生不知道该如何回答，干脆保持沉默，而那些根本没听懂的学生，也没有勇气要求老师“再讲一遍”，于是，这样一句“口头禅”就成了老师唱“独角戏”的又一种表现形式。

诸如此类的口头禅使用场景还有很多，我就不一一列举了。

我们需要思考的是，为什么教师会有“口头禅”呢？

首先是教师不注意培养自己的语言习惯，说话不够干净利落，总是拖泥带水，加上有时候备课不够充分，往往要用一些“口头禅”来为自己换取思考的时间，因此，说话就不可避免地带上了一些“零碎”。

其次就是受教师的教育教学理念所困。有的老师习惯说“你给我”，比如“你给我把字写整齐了”“你给我把教室打扫干净了”“你给我好好听讲”，等等。“你给我”，一下子就勾勒出一副高高在上、颐指气使的面目来，这反映出教师骨子里“师道尊严”的思想根深蒂固，根本不可能实现与学生的平等交往。有的老师习惯说“好，很好，不错”，甚至对学生并不正确的回答也偶然间给予这样的“口头禅”式的评价。这种空洞的评价，其实缘于教师不能准确理解评价的引导功能，误以为这样的评价就能激发学生的学习热情，结果使评价停留在肤浅的、无意义的层面，达不到预期的评价目的。

教师的专业发展需要教师具有良好的语言素养，课堂的高效也需要教师远离“口头禅”。彻底消灭“口头禅”，应该成为每个教师努力的方向。希望在我们的课堂上再也不要出现前文中那种被学生“哄笑”的场面了。

有自己的“风格”

三十多年前读初中的时候，我曾经遇到过一位语文老师，叫储庆年，他是一位四十多岁的民办学校老师。这个老师很有特点，他在带领同学们学习课文的时候，很少有滔滔不绝的讲解，而总是要求大家自己读文章，然后将疑惑提出来。于是，每堂课黑板上都会密密麻麻地写上很多很多的问题，而他，总是在最后，以看似轻描淡写的三勾两画，就将一大堆看似不沾边的问题归了类，轻而易举地借助大家的看法找到了结论。每节课大家都过得那么轻松、那么有趣，我们班的语文成绩也一直非常出色，在同轨班中名列前茅。

若干年以后回想起储老师，我依然清晰地记得他在课堂上游刃有余、驾轻就熟的风采。

我想，储老师就是一个有风格的教师。

为什么很多老师教了学生几年的时间，却会很快被学生遗忘？原因固然很多，但我想其中有一点，那就是这个教师没有自己的特色，教学没有风格，过于平庸、过于平淡，自然会“泯然于众人”。

风格是各种花的特有的光彩与香味。我们去看那些名师，他们无不有着自己的独到之处：

提到窦桂梅老师，眼前就会出现激情、煽情、热情的场面。提到孙双金老师，眼前就会出现学生的“小脸通红、小眼发光、小手直举、小嘴常开……”。说起钱梦龙老师，我们自然会想到他的“三主”“四式”的主张，即以学生为主体，以老师为主导，以训练为主线；语文教学有四种课型：自读式、教读式、作业式、复读式。其中“训练”是贯穿教学全过程的基本线索，因而，有人称之为“训练派”。与此相比，魏书生的教学体系则属于“怪”的一类。有人把他的教学概括为“六不”，即不管班、不讲课、不留作业、不批作业、不考试、不批作文。魏书生说：“从形式上看，我的教学确实如此。”他的教学指导思想是民主与科学。魏书生在与学生“商量商量”的基础上建立了3个方面、9大项、100多小项的目标体系，制定了6大类、34项规定，然后通过管理来施行，使班级达到“事事有人干，人人有事干，事事有时干，时时有事干”。“管理”在魏书生的教学体系中处于关键地位，因而有人称之为“管理派”。

正是他们的“与众不同”，成就了他们在教育教学中不可替代的地位。

每当我跟年轻老师谈起这个问题，都会有人感叹：我连课都上不好，连班都管不好，还追求教学风格？这不是做梦吗？

其实，很多问题并不像我们想象的那么困难，当一个老师达到了作为教师的基本素质要求，对教材教法过了关，基本的教学素养具备了，就可以根据自己的特长来考虑所谓的“风格”问题。举个例子，比如教师的语言风格，有的语言层次分明、逻辑严密、论证有力，富于论辩性和说服力；有的语言优美动听、生动形象，富有感染力和鼓动性；有的语言词汇华丽；有的语言朴素纯实；有的语言庄重典雅；有的语言幽默诙谐。老师们的语言各具特点，各有千秋。当你清晰地认识到自己的特点之后，就要逐步研究这种语言风格在实际教学中的应用，长期坚持、固化之后，就成了你独树一帜的“标签”。

当然，教师的教学风格不是一天两天形成的，需要经过一个探索发展的过程。如上海实验小学的特级教师袁瑢的教学风格形成过程就说明了这个问题。她原是一位在大学只读过一年书，未读过教育学、心理学的青年人。她在踏上了小学教师的岗位后，为了上好第一节课，不知花了多少时间备课，结果第一课却上得很糟糕。但是袁瑢并未气馁，她不知疲倦地阅读了有关介绍老解放区教育经验和苏联教育经验的书籍。开始是照搬，效果时好时坏，后来才逐渐摸索出自己的路，形成了“细、实、活、深”的教学风格。上述事例说明，教师教学风格的形成并非神秘的，而是需要有一个逐步成熟的过程。这也告诉我们，每一个教师，都有可能形成自己的教学风格，关键是看你能否在艰难的教学艺术实践中不断提高自己的教学艺术水平。

在教学实践中，不少教师会出现急功近利的现象。具体体现就是盲目模仿、生搬硬套。一个历史老师看到“史上最牛的历史老师”袁腾飞火了，非常羡慕，就盲目模仿他的风格进行讲课，结果不伦不类，成了笑话。我们不反对开始时对他人的教学经验，包括教学风格进行一定的模仿。但是，这种模仿又绝不能是生硬的、照葫芦画瓢式的，而是要从中汲取有益的成分，将其消化为我所用并有所突破、有所前进，最终形成自己的特色。

到底如何才能形成自己的教学风格呢？著名特级教师于漪以“永不满足”为信条，浮士德上天下地求索，经历了爱情的悲剧、事业的悲剧，什么都一场空，但是他没有灰心。最后，他在一块荒芜不毛的海滩上建立起人间的乐园，心里一片光明，情不自禁脱口而出：“停住吧，你是多么美好！”这一刹那，浮士德倒地死去。满足意味着生命的结束。

锲而不舍，永不知足！这才是优秀教师独特的教学风格与教育思想形成的关键。

锤炼你的过渡语

我们究竟如何认定一节课为好课呢？听课多了，难免想用一些直观的感受来判定一节课的优劣。对观察者而言，如果一节课听下来，能够在头脑中留下一个清晰的印象：这节课主要做了几件事，先做的什么，后做的什么，彼此之间如何衔接在一起。我想，这就具备了一节好课的基本特征。说白了，就是要课堂层次分明，思路清晰。

做到这一点，主要依靠的是教师对教学内容的合理选择和部署，除此之外，还需要教师细致、妥当的过渡语言。

教学是语言的艺术，好的过渡语简洁明快、自然得体、紧密连贯、行云流水、天衣无缝。它就像润滑剂一样，滋润着课堂，把课堂上的内容统一成一个整体，使其上下贯通、层层递进、结构严谨、浑然一体。同时，教学语言也直接影响着学生的学习积极性，对培养学生的语言能力和思维方式具有潜移默化的作用。

可惜，我们很多老师并不注意过渡用语。课前备课的时候，教师们总习惯把主要精力都放在教学内容的选择上，却很少去想内容之间如何串联，教学环节如何衔接。于是，到了课堂上想说什么就说什么，不注意前后内容的关系，不能做到承上启下，以致学生听得迷迷糊糊，不知道下一步学习的内容，课堂凌乱不堪、节奏不分明、缺乏整体感，最终影响到了课堂效率。这就如同去旅游一样，只有漂亮的景色是不够的，如果游览者不知道自己下一站是哪，同样会糊里糊涂，有了导游恰如其分的“导”，游客心里才能跟明镜似的，游览有序、赏景有谱，而导游的“导”，就类似课堂上的“过渡”。

当然，更多的老师并非不注重过渡语言，只是由于自身的语言功底不强，过渡语缺乏情感，缺乏生动性，平淡无奇，吸引不了学生，致使课堂像一潭死水，没有波澜、没有生机。这就更需要老师锤炼自己的过渡用语，设计好关键的环节，以使课堂清晰和鲜活起来。

语文特级教师于永正就非常讲究过渡语言，有人替他总结了一些他常用的过渡语，我们不妨借鉴一二：

◎你说得真棒！

◎大家不必急于回答，再读一遍课文，体会体会。

◎要相信自己，要有信心。

◎说得真好！大家看，她笑了，这是胜利的微笑！

◎妙不可言，是不是?

◎里面更多的是作者的情，这就是汉语的魅力！大家细细读读这一节，由你们自己去体会体会。

◎同学们读得真好，很有味，这就行了。

◎古人说：书读百遍，其义自见。这不就明白了吗?

◎读书不要慌忙，静下心来读慢一点，一边读一边思考。已经有所感悟的同学，可以把你的看法写下来。写完了，要读一读，看看顺不顺嘴。

◎同学们，我们就要这样读书，要和生活联系起来，和自己的经验、经历联系起来，这样就会理解得比较透彻。文章第二节写得很美，大家读读，要读出感情来。

语言虽然简练，但却像一根美丽的丝线，串起了课堂上一颗颗的珍珠。它既能帮助学生总结回味学习内容，又能激起学生继续学习新内容的强烈愿望。几句话甚至一句话就能起到总结梳理已学过的内容的功效，能对下文所要出现的内容进行提示，使学生在思维上平稳过渡，于浑然不觉中展开对新内容的学习。当然，这只是常规化的过渡用语，在真正的课堂上，其过渡语言表达的形式要复杂得多。

总的来看，课堂过渡用语要注意以下三点：

1.简洁明了。一堂课只有45分钟，因此，过渡语言要杜绝冗长繁杂，讲求简洁明了。要能够通过情趣盎然的表述、鞭辟入里的分析、入木三分的概括、恰到好处的点拨，让学生明白我该学什么了、我该做什么了。通过清晰的指令，带领学生走进学习的大门，使学生在得到知识的同时，获得精神上的满足。

2.轻松幽默。过渡语承载着调动学生情感的功能，教师要善于用发自内心的真挚情感去拨动学生的心弦，调控整个课堂。因此不妨幽默一些，放松一下紧张的情绪，活跃一下课堂的气氛，让学生情不自禁地进入学习状态。

3.富于变化。一成不变的事物容易令人生厌，同样，呆板的语言也容易让听者感到疲劳。教师的过渡用语要丰富、富有变化，要随着教学内容和教学实际的需要时轻时重、时缓时急、抑扬顿挫、声情并茂，使学生听起来舒服、悦耳、精神饱满、情趣盎然。

对于教师而言，上一节课就犹如写一篇文章、演一出戏剧，起承转合皆要靠“过渡语”才会完整和流畅。锤炼你的课堂过渡用语，将使你的课堂更加精彩。

掌握“停顿”的艺术

很多教师简单地认为，在一节课45分钟内，滔滔不绝，像按下了连播键的播放器一样，就能最大限度地教给学生更多的东西，就是节约时间，就是提高效率了。殊不知，在课堂教学中，往往会有“此时无声胜有声”的契机，适当的停顿、适当的空白，不但不会浪费时间，反而可以避免口语教学的呆板局促，又可以使课堂教学呈现有张有弛、意趣盎然的生动局面。

它就像音乐中的休止符，虽然没有声音，但是有着丰富的内涵，有着任何声响都不可匹敌的魅力。

我常见到一些优秀的教师在教学中运用“停顿”，这不仅能使他们自己得到休息，转换情绪，而且能给学生留出更多的思考、回味、消化的余地，使课堂异彩纷呈，达到最佳的教学效果。因此，掌握“停顿”的艺术，对提高课堂效率非常有帮助。

“停顿”可以用于何时呢？

首先，它适用于组织教学，尤其是在课堂上出现了学生不守纪律的情况时。观察我们的课堂实际就会发现，不少教师用严厉的斥责制止课堂的哄闹，或直接点名叫某同学站起来，以批评他捣蛋、破坏秩序，这几乎已成为理所当然、天经地义的事，在课堂上司空见惯、无可非议。而事实上，这样的做法不仅不能达到教师的预期效果，还可能对学生的心理造成伤害。这时如果我们能巧妙地使用“停顿”，就完全可以避免“脸红脖子粗”，达到“四两拨千斤” 的奇妙效果。举个例子，假如因为一点什么小小的风波，上课铃响了，教师也进教室了，但学生们仍然吵闹不止。那么，教师怎么办？是把备课本往讲台上一摔，在桌子上一拍，或是大吼三声“闭嘴”？还是使用“停顿”的技巧，即教师默不作声，以严肃的表情和严厉的目光直视或环视学生那么几十秒钟？我想，最佳的选择应该是后者。因为我们的学生都很敏感，当他们注意到老师的异样时，课堂便会安静下来。如此一来，师生的情绪均不受影响，教学就能得以正常进行。再如，教师正津津有味地讲课，而某两个学生却在下面叽叽喳喳。为制止他们，教师便可突然“停顿”并走向那两位学生，以引起全班同学的注意。这样，他们便会在众目睽睽之下，缩头不语。而“×××，你站起来”的大声训斥，反而会惊扰课堂。从另外一个角度讲，此时的“停顿”实际上具有替代批评的意义，而这种“批评”的高明之处，就在于不影响师生情绪，不影响正常教学秩序，也不伤害学生的自尊心。

其次，“停顿”还可以用在重点、难点的讲解时。譬如，教师在上课过程中说“下面，请同学们注意”之后突然停顿，这样可以引起学生的注意。学生会被吸引，会在心里想：老师要我们注意什么？这就产生了急切地要听下去的欲望。可见，教师讲课时，若要强调或突出某些内容，便可在此之前突然停顿一会儿。然后，再以适当的语速讲解后面的内容。这样就能使学生注意并警觉起来，学习的热情也会更高。

据测试，一般人面对连续的语流，精确地留在记忆中的时间不超过8秒钟，这个时间以后接收的信息便会被新的语言刺激代替。因此，教师在讲过重要内容之后，可以有意停顿一会儿，以便让这些重要的语句、内容深入学生的脑海，留给学生充分的思考余地，延缓这种暂留性，以起到强化记忆、加深印象的作用。

最后，在教学环节的过渡中也可以采用“停顿”技巧。两个内容的转换不宜过快，要给学生留有足够长的消化时间。因为这时的停顿，可以使学生大脑皮层保持兴奋，充分调动学生大脑思维的积极性，集中学生的注意力，使之对已获得的信息及时归纳总结、强化印象，促进其对新知识的接纳，从而把教学逐步引向深处。

恰如其分的停顿能够使教学事半功倍。当然，在具体运用时，要掌握好“停顿”的时机和度。停顿的时间以三四秒为宜，这样的停顿足以引起学生的注意。如若停顿时间过长，也可能会导致学生注意力涣散。

让课堂的结尾更有余味

观摩了各种各样的课堂后，我心中总免不了有些遗憾：一节节生动有趣的课，最后竟十有八九缺乏“课堂小结”。有些几乎就是悄无声息地打发了课堂的最后几分钟。起初，我以为是个别老师“大意失荆州”，然而，一次、两次、三次……多次碰到这种现象后，我的经验告诉我：他们并非无心，而是的确忽视了课堂小结的重要性。

俗话说：“编筐编篓，重在收口。”一个好的课堂结尾可以再次激起学生的思维高潮，画龙点睛，让人感觉余音绕梁，达到“课已止而意未了、趣未停”的效果。然而，在实际教学过程中，特别是在常态课中，一些教师并不注意在课堂结尾上下功夫，对结课缺乏设计，随心所欲，即使有了结尾，也不能起到课堂小结所应有的作用，给人一种虎头蛇尾的感觉，使整个课堂黯然失色。

有人将课堂小结常犯的错误概括为以下三点：

其一，语言拖泥带水。毋庸置疑，结尾是为实现课时教学目标服务的，教师需要针对教学内容和学生特点，将当堂课的教学内容进行归纳总结，使学生从整体上把握所学内容，同时加深对所学知识的巩固记忆。然而，不少教师把小结看成课堂教学主要内容的简单重复，叙述中语言不够简练、冗长拖沓，而且力求面面俱到，毫无主次之分。这样就导致课堂结尾时间过长，学生听得晕头转向、不知所云。

其二，形式单一机械。一个关于课堂结尾的调查结果显示，教师“一言堂”总结式的结尾占据了70%。其实，结尾也是课堂一扇别有洞天的“视窗”，教师可借助听、说、读、写、表演、辩论、视频等多种形式，将课堂内容生动地再现出来。这样做不仅有利于顺利完成本堂课的教学任务，而且还能使课堂在轻松愉快的气氛中结束。

其三，时间观念欠缺。不少教师曾戏称结尾是“弹簧秤”，其喻意是结尾“可长可短”“可有可无”。尤其是在公开课中，此类现象更是屡见不鲜。如果课堂流程进行得较快，教师就在结尾处“大做文章”，导致课堂变得烦琐而拖沓，这样的结尾纯属“画蛇添足”。而如果课堂中间环节拖延了时间，教师就会三言两语仓促收尾，导致学生无法对本节课形成完整的印象和清晰的认识。

课堂教学是一门艺术，需要教师发挥创造性。我们通过观摩一些名师的课堂可以发现，他们在结课部分，总有独到之处，令人拍案叫绝。这里，举几个语文名师的例子供大家参考借鉴：

激励式结尾——李镇西执教《在马克思墓前的讲话》：

今天，我有幸和同学们一起学习了这篇《在马克思墓前的讲话》。同学们可能有了一些新的收获，同时也可能会有许多新的问题，不过这都是好事，说明同学们的思维真正打开了。最后，我想送同学们一段话。

在座的同学们都是十六七岁吧。马克思在你们这个年龄，曾写过一篇作文，题目是《青年在选择职业时的考虑》。下面，我给大家背诵几句，作为我对你们的勉励，也作为今天这堂课的结尾——

如果一个人只为自己劳动，他也许能够成为著名的学者、大哲人、卓越诗人，然而他永远不能成为完美无疵的伟大人物。

……

如果我们选择了最能为人类福利而劳动的职业，那么，重担就不能把我们压倒，因为这是为大家而献身；那时，我们所感到的就不是可怜的、有限的、自私的乐趣，我们的幸福将属于千百万人，我们的事业将默默地、但是永恒发挥作用地存在下去，面对我们的骨灰，高尚的人们将洒下热泪。

问题式结尾——胡明道执教《狼》：

胡明道老师结合演示文稿告诉学生三个有关拯救狼的事实，然后问，你们觉得这是怎么回事呢？是蒲松龄错了吗？还是环保主义者都忘了要保护人类呢？现在老师就让大家带着问题走出课堂，进行“文学狼”与“自然狼”的问题研究。

带着问题走进课堂，又带着问题走出课堂。这才是新时代学子的风貌——让问题伴随始终。

吟诵式结尾——韩军执教《登高》：

同学们，这首诗大家已经背下来了。杜甫是我们每个人的精神先辈。让我们在乐声中背诵这首诗，永远铭记这首诗，这是杜甫老先生留给我们的一笔宝贵的精神遗产。

课堂教学在韩军和同学们深情的背诵中结束。

引用式结尾——程翔执教《梦游天姥吟留别》：

程翔老师引用了白居易的《李白墓》一诗：采石江边李白坟，绕田无限草连云。可怜荒垄穷泉骨，曾有惊天动地文。但是诗人多薄命，就中沦落不过君。

这是一首可以使人产生无限遐思的小诗，以此作为课堂的结尾，犹如丝竹之声，余音绕梁，使课堂韵味悠长。

要善于捕捉教学细节

在我和年轻教师交流的时候，我常常可以看出课堂教学中的细节是被他们忽略了的。在大家的眼中，可能更注重高深的教育理论或者先进的教学理念，以为拥有了这些自然就拥有了课堂的效率。其实不然，教学是个细致的工作，需要我们从点滴的细节做起，才有可能真正实现优质的教学。

课堂教学的灵魂是教育理念，而透视教学理念的放大镜是教学细节。

初中数学课上，老师按照自己的教学设计讲完了规定的课程，老师问：“同学们，听懂了吗？”全班学生大声说：“听懂了。”老师又问：“谁还有没听懂的地方，请说出来，老师再详细讲解一下。”张同学站起来怯生生地讲了不懂的问题，老师认真做了解答。最后，老师说：“记住，今后要专心听讲啊。”

学习的过程应该是学生自我建构知识结构的过程。学生的生活经历不同、知识基础不同，对教师的讲授，有听不懂的地方是完全正常的。教师认为学生有疑问就是上课没有专心听讲，显然是武断的结论。这句看似不经意的一句“今后要专心听讲啊”，实际上是向全班学生传递了一个错误信息，那就是学生有不懂的地方肯定是上课没有专心听讲。试问哪个学生愿意戴上“不专心听讲”的帽子呢？学生有些没听懂的地方，本身就很难为情，是鼓足了勇气才向教师请教的。教师的这句话，极有可能扼杀学生大胆提出疑问的勇气和自信，很可能导致学生再也不敢承认有“不懂”的地方了，这对教育教学的顺利开展会产生很大的负面影响。

可见，细节虽小，却能折射出教育的大理念、大智慧，所以，充满生命活力的课堂必定离不开精彩的细节。

有的老师认为，所谓精彩的课堂细节，不就是教师在教学中善于随机应变的结果吗？只要不断积累经验就可以做到了。其实，这是对教学细节的一种错误认识。更多的时候，教学的细节是教师预设出来的，实质上是备课中一种匠心独运的准备，看似简单，但隐藏在它背后的却是教师的教育观。教师只有对教材、对学生、对课堂教学有深刻的理解与把握，并经过用心思考，才能精心创设出充满魅力的教学细节，只有“未雨绸缪”，才能预约精彩。有人在论及预设教学细节的时候这样写道：

创设教学情境，要精心预设教学细节，要善于调动全体学生的积极性和主动性，突破教学的重、难点，全面提升学生的人文素养；引导学生进行探究，要精心预设教学细节，教师对活动对象的参与情况，对活动环节和活动时间的调控等都要进行协调，这些都需要在课前进行精心的预设，才能在具体的探索过程中发挥主导作用，达成教学目标；让学生动手操作，要精心预设教学细节，当学生想知而不知、似懂而非懂时，用学具“摆一摆”，就会起到化难为易的效果，当学生的感性认识积累到一定程度时，教师要适时引导学生对丰富的表象进行思考、表达，并用学科的语言描述自己的操作过程，适时抽象概念，使感性认识上升为理性认识；组织学生小组合作时，也要精心预设教学细节，教师要根据学习内容的性质和学生的学习特点，灵活地组织学生进行小组合作学习，在合作学习中，教师还要以平等的身份，适时地参与小组的讨论，并随时对学生进行有针对性的指导。

教师要有敏锐的目光和头脑，在课堂教学中随时发现、捕捉有价值的教学细节，智慧地处理好每堂课中的每个细节，成功地完成教学任务，这样才能使课堂教学绽放精彩。

具体而言，要做到以下三个“注意”：

要注意课堂上值得“延伸”的环节。教学细节的处理需要教师有一双善于发现的眼睛。善于发现，才能抓住转瞬即逝的教学行为细节，画龙点睛、点石成金，使细节成为教学的突破点，成为学生的兴奋点，从而创造精彩互动的课堂。

要注意课堂上值得 “延迟”的评价。当课堂上学生对某个问题产生了不同的想法时，老师不要急于直接告知对与错，更不能回避、堵塞、应付学生，甚至是置之不理，而应该用极大的耐心为学生提供自主探究和质疑的机会。这样做的目的是给学生充足的时间与空间，让学生充分表达自己的观点，充分展示自己的思维过程。

要注意课堂上值得“深思”的意外。课堂上经常会有一些出人意料的情况出现，譬如学生的回答与教师自己的预想相去甚远，譬如学生一时兴起做出一些奇怪的课堂行为。作为年轻老师，往往会忽略这些细微之处，从而与非常重要的教育契机失之交臂。实际上，越是出乎“意料”的情况出现，越有可能衍生精彩的课堂细节。教师要善于在看似“应该”和“正常”的地方，努力去挖掘其中蕴含的潜在教育因素，这样往往会收到意想不到的教育效果。

我们来欣赏两个教学细节：

一位语文老师教学《匆匆》一课时，“我觉察他去的匆匆了”一句中“觉察”一词，有的同学读成了“察觉”。教师顺势问道：“这两个词看似一样，那么作者为什么在这里用了‘觉察’？有什么不一样？用哪个词更好呢？”学生通过查字典得知“觉察”和“察觉”都有“发觉、发现”之意。接着有的学生指出“觉察”是先感觉到然后才看到，而“察觉”是先用眼睛看到然后才感觉到。“时间的匆匆而逝”是作者先感觉到的，然后才仿佛看到了时间的流逝，所以用“觉察”更合适一些。这样的细节把控，既纠正了学生的错误，也使学生从这里体会到了朱自清大师用词的准确。

——当面对无法回避的课堂意外时，我们应该对它有正确的认识，把这些意外及时纳入预设的教学当中，在冷场的时候及时调整，在出错的时候重构共建，从而使课堂上的意外转化成教学中宝贵的课程资源和财富。

一位美术教师在“京剧脸谱欣赏”的教学中，引导学生欣赏京剧脸谱。

师：接下来请同学们谈一谈对京剧脸谱的看法。

生：京剧脸谱的颜色很漂亮。

生：我觉得京剧脸谱的图案画得很好。

生：老师，我觉得京剧脸谱看起来很丑、很恐怖。

师：（一愣）你是看哪一些脸谱的时候有这种感觉呢?

生：丑角。

师：对，丑角的脸谱多是表现阴险狡诈的小人和恶人，所以才会让你有这样的感觉呀！并非所有的脸谱都会给你这样的感觉。你能感受到丑角脸谱很丑，证明你观察的时候很仔细，但这也同样表明了我们中国京剧脸谱艺术的博大精深，它能将鲜活的性格特征都融入到一张小小的脸谱之中，这是多么智慧的艺术。

——这里老师临危不乱，善于捕捉，机智引导，并让学生出乎意料的观点变成有价值的“生成”教学资源，从而获得了“点石成金，事半功倍”的效果，成就了高效的教学。

有句谚语如此说："使人疲惫的不是远方的高山，而是鞋里的一粒沙子。"每位教师都应期待着自己的教学在"细节"上做到"洞察秋毫"和"尽善尽美"，因为，我们锻炼自己处理"细节"的艺术，最终目的是培养学生关注细节的习惯和解决细节问题的能力。

有效课堂的基础是"心中有生"

课堂是什么？有句话说得很好："课堂是学生表现的地方，不是老师表演的地方。"如果教师把课堂作为自己表演的舞台，那就大错特错了。一节课的教学设计再好，教师讲得再精彩，如果学生不能真正参与其中、享受其过程，那这样的课堂就算不上是有效、扎实的课堂。教师能够带领孩子进入探索知识的世界，而学生们还乐此不疲，那才叫"真功夫"。所以，上好一节课，绝不仅仅是对备课内容的再现，而是将传授知识和培育鲜活的生命密切结合起来，使师生的生命活力得到焕发。教师要做到这一点，就必须一切"以人为本"，时刻做到"心中有生"。

首先，备课过程要"心中有生"。在传统教学活动中，教师往往把备课狭隘地理解为写教案，即备课就是为课堂设置预案、设定程序，甚至简化为"教材"或"教参"的"搬家"，这就同我们所提倡的"自主、合作、探究"的学习方式相冲突了。因而，教师在备课过程中，其所设置的教学环节、教学问题都要充分考虑学生的年龄、心理等因素，多从学生的角度考虑问题。教师要提前预想到在不同教学环节中，不同类型的学生会有怎样的反应，自己应该如何应对，甚至提问哪些学生，由哪些学生进行板演，等等，都要注意到。这样的备课才更有实际意义。

其次，教学过程要“心中有生”。第一，教师要做到不为教而教，不“走教案”，不“照本宣科”，避免“只见书不见人”的现象出现。教师需要充分调动学生的主动性和积极性，引导学生主动学习、有效互动，产生实效。第二，教师要关注全体，不搞精英教育，要充分尊重每一个学生，兼顾不同层次的学生，对学生一视同仁，尽可能让每一位学生都有发言的机会，都有参与活动的机会。杜绝“一刀切”“一锅煮”。第三，教师要有一双敏锐的眼睛，善于捕捉学生学习中的闪光点，适时地予以恰如其分的评价，给学生以信心和动力。若遇到学生不遵守课堂常规，也要尽量在不影响正常教学秩序的前提下，及时以适当的方法提醒、引导，绝不能听之任之、视而不见，让学生“掉队”。只有这样，我们的教学才算得上是真正意义上的“教学”，而不是机械兑现教案的过程。

再次，课上辅导要“心中有生”。教师要走到学生中间去，了解学生在想什么、在做什么，还有什么需要。绝不允许整堂课教师不离三尺讲台的情况发生。教师要把辅导贯穿于课堂教学的始终，要始终做到目不离人，观察学生讨论、提问、板演、练习时的手势、表情等，适时给学生以点拨。要善于观察学生，从学生的眼神、表情、动作等细微之处，把握他们的思想状态，从而及时调整自己的教学，并对有需要的个别学生进行相应的指导，不让任何一个学生“游离”于教学之外。

最后，课堂练习要“心中有生”。课堂练习是教师调整教学思路和方法的最重要的依据，也是体现“以生为本”的关键环节之一。教师应该精讲，给学生留下足够的时间消化和巩固已学知识。很多教师不布置课堂练习，借口总是时间不够，或者虽布置了课堂练习，但是随意性大，不是精选，我们要努力改变这种现象。布置课堂练习要面向大众、暗中分层、凝聚重点，对于课堂练习尽可能做到面批面改，达到扶正纠偏、交流促进、整体提高的目的。

改变教师，才能改变课堂

教师的主导地位，就说明了他肩负着掌控课堂运行轨迹的责任。因此，不夸张地说，课堂能否呈现良好状态，与教师直接相关。

传统教育形式下的教师，一直以“传道、授业、解惑”为己任，而随着课堂教学的改革，教师的职能也要发生对应的变化。首先，我们要明确新型课堂要达成的目标是什么：使教与学的方式彻底扭转，由从前教师的“传授”到今天学生的“习得”；由先前的讲课到今天的探讨；由先前的教师是课堂的主宰转化为教师是课堂的参与者；由教师是知识的权威转变为学生自己去想，而不是用教师的想法替代学生的想法；由师生关系的不平等，到知识面前师生平等，教师要尊重学生的独立思考，尊重学生的一得之见。

作为教师，不能够“因循守旧”。我们所有的理论也好，知识也罢，都要在不断学习的过程中与时俱进。比如说“一杯水和一桶水”的教师理论，现在不仅需要教师知识的广度，还需要教师知识的深度、知识的新度，以及知识的衔接性；比如叶圣陶先生说的“教是为了不教”，在新教育形势下，需要我们去丰富它，教是怎样的教，如何才能做到不教而会，怎样才能通过学生自主学习达成少教或是不教。教学的达成，还必须要让教师知晓自己的学生是怎样的，受时代、家庭、风气等的影响，我们的学生发生了始料不及的变化，不了解他们，我们期望的高效课堂是很难达成的。教师还需要重新定位课堂上教师和学生的关系，师道尊严固然有维护的必要，但对于一个教师而言，更为重要的是要借助新式课堂中和学生共同思考的乐趣，带给学生思索的启迪和进步的兴奋。教师既要言传身教，更要循循善诱；既要点拨指导，更要接纳学生的思维认识；既要讲，更要让学生自己去学。所有这些，都需要教师以极大的勇气，克服自身的惰性，在新的教育形势、教育局面出现的情况下，重新找到自己的位置。这是一名教师突破原有课堂教学局限，找到教学新思路、新方向的关键。

作为教师，不能做“井底之蛙”。要拓宽视界，去挖掘新的教育教学方法并努力实践。“新瓶装旧酒”不行，旧方法配新目标也不行。教师必须要从传统的教学模式中迅速转变，用新的方法、新的课堂形式来完成课堂的改革目标，这也正是我们在今后的课堂教学实践中要切实去总结的地方。教师要去研究新的课堂结构，以达到学生乐学、会学的目的；要把课堂的时间交付给学生，还时间于学习者而不是指导者；对一些广为流传的课堂模式、改革经验，要在学习的基础上，有选择性地借鉴，用以调整自己的教学，使自己能够看到一片更为广阔的天空。而不是拘泥于自己的小圈子，自以为是、自得其乐。

教师不变，课堂变革将永远是“白日梦”。

本章小结

√ 教师是学生心中的偶像，是学生要拜读的一本无字之书。教师的形象问题是教育工作者的首要问题，它决定着教师一节课的价值，蕴藏着许多隐性的教育情结。

√ 文化底蕴不足的教师，永远成不了“大师”，成不了教育家，充其量只能算是一个缺乏创造力的“教书匠”。

√ 教学需要激情，教师有了激情，学生也将情绪饱满，身心振奋，享受着学习的快乐；师生都有了激情，教学活动才能变得生动、形象、感性十足，从而取得卓著效果。

√ 教师也是人，也会有过失、错误和不足，勇敢地向学生承认，让学生看到老师的坦诚，不仅不会降低老师的威信，反而会拉近师生间的距离，使师生真正形成一种学习的合作关系。

√ 幽默是“润滑油”，通过它的谐趣、曲折、温和而创造一种和谐友善的气氛，使师生交往变得融洽、自然。

√ 很多老师都有“口头禅”，而且自己在教学中浑然不知。有些口头禅可能无伤大雅，但有些“口头禅”会给学生产生负面的影响，甚至直接影响教育教学效果。

√ 当一个老师达到了作为教师的基本素质要求，对教材教法过了关，基本的教学素养具备了，就可以根据自己的特长来考虑所谓的“风格”问题。

√ 好的过渡语像润滑剂一样，滋润着课堂，把课堂上的内容统一成一个整体，使其上下贯通、层层递进、结构严谨、浑然一体。

√ 在课堂教学中，往往会有“此时无声胜有声”的契机，适当的停顿、适当的空白，不但不会浪费时间，反而可以避免口语教学的呆板局促，又可以使课堂教学呈现有张有弛、意趣盎然的生动局面。

√ 一个好的课堂结尾可以再次激起学生的思维高潮，画龙点睛，让人感觉余音绕梁，达到“课已止而意未了、趣未停”的效果。

√ 教师只有对教材、对学生、对课堂教学有深刻的理解与把握，并经过用心思考，才能精心创设出充满魅力的教学细节，只有“未雨绸缪”，才能预约精彩。

√ 一节课的教学设计再好，教师讲得再精彩，如果学生不能真正参与其中、享受其过程，那这样的课堂就算不上是有效、扎实的课堂。

√ 教师不变，课堂变革将永远是“白日梦”。

第五章

课堂的创新之道

——教学要充满着锐意变革的勇气

创新课堂的生态特征：善于从新的维度去重新认识课堂、构建课堂、发展课堂、提升课堂，激发学生“学”的兴趣，每一个教师、每一个学生都可以在课堂中找到属于自己的全新定位和角色，教学相长，相得益彰，事半而功倍。

“善变”的课堂才有魅力

我跟一个语文教师聊天，他跟我倾吐了内心的苦恼。他说自己的教学似乎走进了一条死胡同，每天走上讲台都是“换汤不换药”，学生感受不到丝毫的乐趣，他自己也完全丧失了热情，一想到这些，他就觉得当个老师实在没意思。更让他郁闷的是，一个学生竟然在语文作业本的封皮上堂而皇之地写下了一句话：“语文教学像敲钟，天天敲，一个声。”以此公开表达对语文课的无奈与不满。

这让我想起了小时候看到的农村用来拉磨的驴子，用黑布蒙上眼睛，驴子围着磨盘一圈圈地走，周而复始。那时候我觉得，驴子多么可悲啊！其实，任何一成不变的事物都会令人生厌，教师的课堂教学也同样如此。我们很多的课堂之所以失去了对学生的吸引力，就是因为教师墨守成规，囿于固有的思路，不肯变化和调整，从而使教学失去了新鲜感。长久下去，教师不仅会失去学生的拥戴，也会让自己的生命了无光彩。就像驴子一样，被动地完成自己的工作，黑布蒙住了它的眼睛，蒙住了磨房以外宽阔、美丽的世界，不知道拉磨的目的和生活的目标，日复一日地重复着同一件事。

生理学原理启示我们：单一重复的刺激，会使被刺激对象产生反抗。因此，在课堂教学中，任何一种长久、单调的活动，都必定会束缚学生的智力发展，都会使学生厌烦。对优秀教师而言，只有学会不拘一格、不限一法，善于变化，培养学生学习的兴趣，点燃学生学习的热情，才会给课堂增光添彩。

课堂求“变”中包含着智慧，体现着艺术。干巴巴的教学语言，老套的教学组织形式，毫无新意的教学手段，连开场白、结束语、小组讨论等，学生都耳熟能详，你还没有开口，学生已经知道你要说什么了，一点神秘感都没有，这样的教学自然缺乏吸引力。有一句歌词在学生中很流行，叫“给我新鲜”，这的确代表了学生的心声。教师亟待改头换面，面孔要生动起来，手段要“花样”起来，形式要灵活起来，内容要新颖起来，本着一种服务的思想，在“善变”中享受生命的乐趣，在“善变”中追求课堂的高效。

有的教师总说，“我很忙”。的确，教师并不轻松，但这种“忙”不能是机械的重复，不能是照搬模仿，而应该是创造、是革新。课堂教学充满了变化性，要求我们随时“求新求变”，重复的机械劳动会使人厌倦，而推陈出新的工作不仅能唤起我们的工作热情，而且更能使我们在工作中获得提升。

如果说一种教学法是一把钥匙，那么，在各种教学方法之上还有一把总钥匙，它的名字叫做“活”。成功的教师之所以成功，就是因为他灵活善变，把课教“活”了。每个新学期的开始，我们是否想过，在课堂教学中要尝试做出什么改变？

我们是否想过，在教材现有内容的基础上，要增添一点与现实紧密相连的、鲜活的东西？我们是否想过，每一堂课的导入方式、提问手段，每一本作业的批改形式、批语内容，每一次测验的试卷样式、讲评方法，都要时时求新求变呢？要培养富有创造性的学生，首先就需要有有创造性的教师，时时刻刻寻求着变化，不仅会让我们的课堂、我们的生活鲜活起来，而且，也会紧紧把学生“团结”在我们周围。

喜欢和追求新鲜事物是人的天性，我们给学生的感觉不能永远都是一张“滔滔不绝”的大嘴，一页页呆板机械的PPT，更不能永远都是千篇一律的开场白和结束语、枯燥乏味的练习与测试。每一节课都要精心设计，寻求变化，这样才能紧紧吸引学生，让他们在不知不觉中接受知识、掌握技能，即使这需要我们多花点时间，可何乐不为呢？

于永正老师认为，没有变化，学生会生厌；没有变化，也就没有教学艺术。教育的艺术就是使学生喜欢你所教的东西，作为教师，就应该抛弃陈旧呆板的模式，寻求充满生机的教学方法，使课堂充满活力。我们千万不能满足于做一头被蒙着眼睛的驴子，在苦熬岁月的同时，也被自己的学生鄙弃。因为这对教师而言，是最可悲的。

别做教材的“搬运工”

我在某校语文组做交流时曾经听到过这样一个故事：某出版社出版了一套对语文教材的解读性读物，比教参内容更丰富、更全面，这自然成了教师授课的法宝。可是很多聪明的学生找到了“窍门”：自己也从书店买来一本，放在案头，教师所教的内容都在里面，一目了然，上课轻松多了。这就让许多老师苦闷不堪，自己所要讲的学生都知道，课还怎么上？于是，在一次严肃的语文组会议之后，大家统一口径，毫不客气地下了“封杀令”：谁擅自购买这套读物，就是违反学校规定，要严肃处理……

记得刚听到这个故事的时候，我无奈地笑了。我甚至想，如果离开课本和教材，我们的老师凭什么站上讲台呢？

无疑，教材是教师们手头最重要的资料，长期以来，它充当着教师走路的“拐杖”，离开教材，教师就会“步履蹒跚”。于是，许多教师满足于做教材的“传声筒”——备课就是把教材中涉猎的东西原封不动地搬过来，而上课就是将这些东西原封不动地搬给学生，不去注意研究学生，也不去深入探讨教材的体系与学生认知水平的差异，慢慢地，教师的思维僵化了、教学模式僵化了、教学的内容也僵化了。正如上面的那个小故事一样，语文老师做出集体“封杀”的决定，无非就是给自己“留条活路”，给自己做“传声筒”的教学方式打掩护。

难道，课堂中的教师仅仅只需要承担教授学生知识的责任吗？显然不是，除此之外，教师还担负着开发学生智力、塑造学生灵魂的重任。因此，教师在教学中应当按照自己的教育理念和教学目标，创造性地运用教材，而不是“搬运”教材。

有个说法叫“用教材教”，而不是简单地“教教材”。这看起来像是个文字游戏，但仔细琢磨，两个短语的意味大不相同。教材的编排水平再高，其承载的信息也是有限的。要真正实现高质量的教学，还需要教师在实际教学中根据学生的认知规律和现有水平，在认真领会相关标准文件中对教材编写意图说明的同时，真正消化教材，既让教材为我所用，又不受教材的约束和限制，学会灵活、能动地运用教材。我们必须时刻记住，教师也是教材的开发者，要以备课、上课的形式参与到教材的再编写中，大胆改革教材中的不合理因素，根据学生的实际需要增删、调整教学内容，融入自己的科学精神和智慧，对教材知识进行教学重组和整合，对教学内容进行综合化拓展渗透。这样，才能从“有限”的教材中生出“无限”，于“滞后”的教材中开掘“鲜活”，在“片面”的教材中构架“完整”，设计出活生生的、丰富多彩的课程来，从而激发学生自主学习的热情和意识。一个优秀的教师，应该比教科书的编者看得更远、更细。如果仅满足于照本宣科，你的课堂迟早会遭到学生的摒弃。

创造性地使用教材要依据学生情况而定。教学不仅仅是为了完成教材上相关内容的传授，更重要的是将学生培养成富有个性、富有智慧的人。我们面对的学生，各有各的特色，即便是同在一个班，学生与学生之间也是不一样的。我国幅员辽阔，地域差距那么大，教材的编者也不可能编排出适应每一所学校、每一个学生的教材，即便是区分了版次，编者的考虑也是较为笼统的，绝不可能适合于教师做直接“搬运”。就算选到了最适用的教材，教学质量还要取决于教师对教材的感受、理解、把握、创造、实施的质量和效果。

那么我们究竟该如何使用教材呢？

了解是教育的前提，创造性地使用教材，必须根据学生的认知水平、心理特征、学习规律而定。有的教师认为新的教材比原来好教了，因为教材内容相对旧教材简单了许多。其实这是一种非常错误的认识。新的教材之所以“简单”，是为了给教师的教学留出更多的发挥“空间”，其目的在于给教师和学生提供创造性使用教材的机会。因此教师必须要在教材的基础上，根据需要，适当补充和拓展内容，而不是凭着“简单”的感觉，敷衍了事。由此可见，新教材不是简单了，反倒是“复杂”了，因为它对教师提出了更高的要求。

创造性地使用教材还要考虑实际的教学资源。很多教师在教学中往往十分关注硬件，诸如教学场所、实验器材、多媒体教学手段、网络技术、图书、教具、学具等。凡是提到教学效果、教学质量，总是先比硬件：人家学校有什么，我们学校没有什么，所以……他们常常忽视软件的重要性，如学校领导忽视管理、忽视教师培训，教师忽视对理论的学习等。殊不知，优越的硬件设备只有在先进的教育理论指导下，通过教师努力，才会发挥出更大的效能。所以教师创造性地使用教材，一定要依据所在学校的教学资源而定。要力求用最朴实的教学资源及手段去上好课，这才是每个教师真正应该追求的提高教学质量的做法。一味地追求教学硬件“上档次”，或因学校硬件设备滞后而苦恼于教材的“难教”，都不是正确的态度。传统的教具、学具等只要灵活运用，依旧能够帮助教师实现高质量教学。

教师自身的教学特长也可以作用于对教材的创造性使用。放在不合格的教师手里，再好的教科书也难以发挥作用。而不好的教科书，有了好的老师也一样能发挥教学效果。可见，做好教学工作的关键在于提升教师素质。不同的教师有不同的特长，有的擅长美术，有的擅长音乐，有的擅长朗读，有的擅长板书，有的擅长运用多媒体手段。这些特长都可以运用于教学活动中，这不仅有利于教师树立自身形象，以人格魅力去感染学生，潜移默化地培养学生的综合素质，更便于挖掘教材的内涵，使教师更有效地为学生的学习活动提供服务。课改的变动性、多样性，要求教师是一个决策者，而不是一个执行者。而教学决策者所必备的能力之一，就是能够创造性地教学。有的语文老师上课，会将学生带到大自然中去，体验生活、记录生活；有的英语老师会打破教材局限，把学生感兴趣的一些内容，如体育明星、影视明星等编排成英语文章让学生来学习。这些都是一个教师富有创造性的体现，也是一个教师个性特长的体现。单纯地“执行”教材僵化的内容，会使教师的个性被抹杀殆尽。

创造性地运用教材，包括变更教材体系，调整教材顺序，摒弃和添加某些内容，甚至自编教材。教师创新的最终着眼点是激活学生的思维，培养其创新能力。毕竟教材并非尽善尽美，许多内容及要求教师完全可以根据实际需要进行再创造。教师们需要知道，在实际教学中，应体现三个字：

探——教材内容的编排往往是“循环上升”的，有的教师在使用教材时按部就班，不敢越雷池一步，其实，不要小看学生的能力，在很多的地方，顺其自然地向深处走一点，常常有意想不到的效果。

扩——教材的内容更新远远不能跟上时代发展的步伐，教师要善于及时对教材进行弥补和更新，增添最新的资讯，以此作为对教材内容的扩展，这既可以激发学生的兴趣，又能扩大学生的视野，可谓一举两得。

引——新课程强调开放，教师不能拘泥于死板的教材本身，要善于引导学生走出教材，到广阔的社会空间中实践和认证教材传递的信息，要多组织学生开展一些诸如收集、整理、专题研究等开放度较高的活动，这也是对教材创造性使用的重要手段。

教学中的创新，哪怕是一点点变革，都会在学生中引发一系列的连锁反应。作为“对话者”的教材不是一个“权威”的守护者，而是一个可能性的创造者。它是教师和学生共同开发和创造的一个“蓝本”，只有跳出它的狭隘，不断批判、不断丰富，才能真正达成新课程的要求。

在课堂教学中注入“新鲜元素”

2003年10月15日北京时间9时，杨利伟乘由长征二号F火箭运载的神舟五号飞船首次进入太空，成为中华人民共和国第一位太空人。这条新闻让国人热血沸腾，民族自豪感大增。第二天，我参加学校政治组的教研活动，问了个问题：“哪位老师今天上课跟学生谈起‘杨利伟飞天’这个话题了？”没想到，在座的七八个政治老师竟然没有一个人点头。

为什么孩子们不爱听我们讲课？很多情况下，是由于我们对教学内容的讲解过于陈旧和死板。一味地照本宣科，却不知道把生活中鲜活的东西拿过来，当作自己的教学素材，造成学生学习的内容远离他们的兴趣点和关注点，这又如何能够使学生爱上你的课堂呢？一个政治老师，竟然不知道紧紧抓住时政热点，及时引发学生的关注和讨论，这不是很可悲吗？

教师一味地“教教材”，他的课就会变得单调、乏味，如此味同嚼蜡的课程，怎么还敢奢望得到学生的爱呢？

一个老师首要的任务，是要让学生爱听自己的课。学生爱听是教师上好课的前提和保证，是提高教学质量的关键所在，是课堂教学改革的出发点和归属点。围绕学生爱听做文章、下功夫，第一方向不会错，第二效果不会差。但是考察我们的课堂，让学生做到“爱你在心”实在有点难。学生兴趣不高、注意力不集中，一节课的有效利用时间，常常只有三分之二甚至更低，这就不得不引起我们的反思了。

我们靠什么来紧紧地吸引学生呢？有一种简便有效的办法，那就是千方百计保持课堂的新鲜感，让学生们在新奇、兴奋、愉悦中接受教育。

“喜新厌旧”是人们的普遍心理，这一点在青少年的身上表现得更为突出。他们的兴趣爱好一是容易变化转移，二是容易递减消失，对新鲜事物敏感，对老生常谈的东西厌倦。因此我们需要不断制造新的兴奋点，给学生刺激，给学生新奇感，使他们的兴趣与精神始终处于积极的兴奋状态，如此我们就能调动学生的注意力，实现教学的事半功倍。而现实是，有些教师已在长期的教学生涯中形成了教学的惰性。这主要表现为按照课本的内容，按照教师的意志，不考虑学生的需求，进行单边活动、单向灌输。教学手段、方式方法、表情动作、语气语调、日常习惯、装束打扮等一成不变。翻着一本老皇历，捧着一沓老教案，讲课，老套路；举例，老掉牙；练习，老办法。教师越讲越单调，学生越听越沉闷，整堂课索然无味、了无生趣，课堂的教学效果可想而知。

新鲜就是生机，新鲜就是活力，新鲜就是课堂的绿色希望，新鲜就是学生的幸福享受。那么“新鲜”二字从何而来呢？很关键的一点就是要引入新鲜的生活元素，以这些元素作为载体，从这些元素中提炼你所要教授的内容，达成你的教学目的。

现实生活中有许多学生感兴趣的“点”，教师要善于利用，要将它们巧妙融入到课堂教学中去。譬如，同样是引导学生树立“坚持不懈才能成功”的信念，难道非要举“居里夫人”或者“王羲之练字”的故事吗？不能讲讲“韩红”或者“周杰伦”在成名前的坚持和执着吗？显然，后者比前者更让学生感兴趣，更贴近学生的日常生活；涉及责任话题，向他们介绍年度“感动中国”人物的事迹，让他们在感动中有所启迪；提到社会公益，为他们剖析“郭美美事件”为什么会对当前慈善事业造成冲击，引导他们以正确的态度和行动力所能及地回报社会；谈到孝敬父母，让他们了解我国的CPI数据始终在高位运行，父母在这样的经济形势下维持家庭生活和养育子女是何等的不易；甚至，从一条新闻，一个电视节目，校园里、班级里发生的一件事，昨夜的一场风、一场雨引入新课。这些与学生的生活息息相关的内容一旦被引入课堂，立刻就会引起学生的关注，会成为激发学生兴趣的重要因素，发挥意想不到的作用。

因此，关键就在于教师要有“引新”的意识。一个智慧的教师，总是善于将所要传授的知识与生活现象紧密结合，在书本知识和学生的现实世界之间搭建起一座能够自由穿梭的桥梁，这是教师教学功力的体现，也是实际教学的需要。眼下，资讯异常发达，孩子们总是能够了解最流行的信息，有时从他们口中冒出的网络新词会弄得老师晕头转向，要想不承认自己“out”了，就需要教师打开自己封闭的“窗子”，去了解外面的世界。我很难想象，一个不上网、不看新闻、不读报纸和杂志的教师，何以跟上学生成长的步伐？

新鲜元素就在身边，每个老师都应该用一双慧眼，去寻找、去发现、去采撷，带着新的精神面貌走进课堂，给学生耳目一新的感觉，给课堂注入新鲜的空气，让学生如沐春风，只有课堂活了，教师的魅力才会油然而生！

莫给教案当“奴隶”

著名教育家叶澜教授认为，在传统的教育理论中，上课是执行教案的过程，教师的教和学生的学在课堂上都只是为了完成教案。教师期望的是学生按教案设想作出回答，教师的任务就是努力引导学生，直至得出预定答案。学生在课堂上实际扮演着配合教师完成教案的角色。于是，我们就见到了这样的景象：课堂成了演出“教案剧”的“舞台”，教师是“主角”，学习好的学生是主要的“配角”，其他学生只是不起眼的“群众演员”，而更多的情况下，所有学生都只是“观众”与“听众”。

我们对照自己的课堂去看一看，这样情景是否并不乏见。特别是一些所谓的“公开课”“优质课”，更是将这种现象推到了极致：为了取得“更好”的课堂效果，老师对教学过程不厌其烦地进行排演，而最终呈现出的课堂，俨然一出煞费苦心而又拙劣蹩脚的“教案剧”！

可能会有老师对这个问题很迷惑，那么，教案是什么？我们备好课不就是为了按照教案来进行教学吗？难道这样的做法也有问题吗？从教学程序来说，教案是备课时完成的一种预设的方案。而课堂千变万化，授课的内容与思路需要时刻根据实际情况进行调整，如果教师以为备了课，就能把预想的课堂教学看成是计算机的输出规定程序，把上课当作不折不扣执行教案的过程，就会很容易将课堂拖入机械、沉闷、僵硬、程式化的泥潭，使之缺乏生气和乐趣，缺乏对智慧的挑战和对好奇心的刺激。这样的教学活动必然会成为教师主导的独角戏，成为主要为了完成知识传授而全然不顾及学生情感态度、主体性和能动性的独角戏。

为了上好课，很多年轻老师总愿意找来名师的教学设计，依葫芦画瓢地去套用，但往往以失败告终。老师们不免会想，那么精彩的设计，用到自己的课堂上却光彩全无、味同嚼蜡，为什么呢？这就是因为他们的课堂缺乏“生成性”。

诚然，课堂教学是有目标、有计划、有组织的活动，因而我们不否定预设是教学的基本要求，但仅有预设是不够的，教学是“人—人”系统，因此它必定是一个生成的过程。教案不是一个已经定稿的剧本，而更像是一部不能画上句号的手稿，它是需要教师不断进行校正、完善的，它是教师的课前构思与实际教学之间反复对话的承载媒介，它是教师在一次次实践之后对比、反思的结晶，它永远处于动态发展之中。因此，我们千万不要以为按照教案的内容亦步亦趋，就可以达到预想的教学效果。教学要以开放代替封闭，而开放的目的则是使教师的教学个性和教学风格、学生的生命力和创造力在课堂上得到充分发挥。我这么说并不是提倡教师们不要写教案了、不要备课了，而是要详略得当，周密考虑。教案的线条可以“粗”

一些，给实际教学留下一定空间，最终在教学中完成，在教学后完善，决不能将一节课变成完全预定的、僵死的“走教案”“演教案剧”。教案不能成为教师的拐杖，因为一旦你习惯了“拄拐”，一朝抛开，便会寸步难行。

我跟老师们谈起这个话题，竟然有人将“罪责”加到了集体备课的头上：“学校要求集体备课，要求统一思路、统一教案，这还怎么注重课堂的生成？这不是完全把老师的个性抹杀了吗？”

其实，集体备课并不能扼杀教师的个性和思想，它不是为了统一教学模式和教学内容，而只是为了明确教材的难点和重点，探讨较为有效的解决办法，发掘教材的闪光点，对教师个体起到查漏补缺、启发思维的作用，让教师胸有成竹、游刃有余，在教学设计和组织中彰显个性风格。集体备课时形成的统一教案，并不是完美的终极教案。教师必须对统一教案认真阅读思索，结合自身风格和班级特点加以补充改造，使之达到最佳境界，再拿到课堂上去实践。因此，说集体备课无法体现教师个性、无法实现课堂生成，完全是“欲加之罪，何患无辞”！

作为有思想的年轻教师，一定要时刻自我反思：我是否又将教案当成了僵化的剧本？教案是为我的教学服务，还是我成了教案的“奴隶”？

给你的课堂“瘦身”

为了追求课堂的高效，很多老师挖空心思，在教学设计上下足了功夫。但往往“过犹不及”“南辕北辙”，教学的内容过于烦琐，教学的手段过于丰富，教学的环节过于复杂，种种情况，都使课堂变得过于“臃肿”，导致了教学效果的低下。

其实，课程改革的目标之一就是改变课程内容的难、繁、偏、旧。其中提到的“繁”，指的是课程的“繁杂”。课程内容的繁杂造成了教学过程的繁复，教学思路的不清晰，教学语言的不简洁，教学目标的不清楚。教师不知道要教什么，学生不知道学了什么。有些教师一节课从头讲到尾，甚至下课铃声响了还在唾沫横飞，恨不得在一节课内把一课的所有内容全部装入学生的脑袋，根本没有留出时间给学生思考，让学生巩固。这其实是因为他们不懂得大道至简的道理。没有精选教材内容、精心安排教学步骤，其结果必然是既浪费了教学时间，又耽误了学生自主学习能力的培养。这样“急促”的教学，看似教了很多东西，但学生真正的收获却少得可怜。所以，简化程序不仅仅能节省时间，更重要的是能提高效率，甚至可以说，它能延长学生的学习生命。

因此，作为优秀教师，要学会为自己的课堂“瘦身”。

第一个层面的“瘦身”就是精选教学内容。教学目标涉及“教什么”的问题，是提高课堂教学效率的起点。正是在这个起点上，许多教师表现得无所适从。他们在备课时往往一开始就陷入了教学方法的精心设计中，试图从“怎么教”入手去解决“教什么”的难题，因为在“怎么教”上耗费了大量的宝贵时间，造成教学中出现了大量无效的劳动。很多课堂教学行为的失效、低效，问题主要出自教师对教学目标的定位不清。一堂课如果没有适宜的教学目标，不能根据这个目标去精选出教学内容，那么无论在教学设计上玩什么花招、竖什么大旗，都不可能是成功的课。

自然，教学目标也不宜过多。一节课确定较少的教学重点，要讲就讲透彻，要讨论就讨论个明白，要练就练到熟练掌握运用。不要眉毛胡子一把抓，弄了一大堆的教学目标、教学内容，结果个个都是蜻蜓点水、浅尝辄止，以致学生往往“捡了芝麻丢了西瓜”，得不偿失。要做到目标的“适量”，就要求教师首先“深入”：吃透教材，知道本课要教什么；吃透学生，知道学生需要什么，使教学具有针对性。然后再“浅出”：明确要教的知识是符合课标的知识，要培养的能力是学生需要的能力。在明确知识与能力目标的前提下，教师指导学生进行自主学习，不仅要着眼于当前知识的掌握和技能的训练，而且要注重对学生能力的开发和未来的展望，要注意培养学生主动获取信息、处理信息的能力，为其学习能力的提高打下基础。

第二个层面的“瘦身”就是精简教学环节。我有一次听一节公开课，看到了这样一幕：

教师执教契诃夫的小说《变色龙》时，请了几名学生上台模仿文中的几个主要人物，表演课本剧。结果上台的学生热情高涨却对不上台词，下面的学生趁机交头接耳、大声喧哗，教室里闹哄哄的，课堂俨然成了茶馆。究其原因，课堂上学生的朗读没有做到入情入境，文本的语言也没有内化为学生自己的语言。这时的表演只能是为表演而表演。自然，在这种情形之下，“通过表演增加兴趣，加深理解”也就成了无法完成的目标。

“瘦身”的关键就在于要敢于割舍无用的教学环节。教师在备课的时候可能总会有这样的感觉：这个环节也很好，那个环节也不错，结果都搬到课堂上，一节课就“拥挤不堪”了。其实，我们只需要把那些最有意义的、最有实效的东西放大，把那些可有可无的砍掉，不该讨论的时候不要讨论，不该表演的时候不去表演，这样就足够上好一堂课了。我们常说“精讲精练”，其实就是强调课堂的“瘦身”。精讲，就是用最简单的方式诠释教学内容，画龙点睛，直截了当，不绕圈子，不说题外话；精练，就是教会学生用最简单的方法来解决问题，从而使学生形成最有效、最直接的解决问题的逻辑思维，这也是学生吸收和消化知识的重要途径。同时，教师还必须注重让学生当堂知识当堂消化，杜绝课内损失课外补的不良做法。如果将大量的课堂练习变成课外作业，就会加重学生的课业负担和心理负担。试想，学生每天埋头挣扎在作业堆里，无法自主支配时间，无法发挥特长，其学习行为已被教师主宰，这和一台机器有什么区别呢？久而久之，学生怨声载道，厌学情绪严重，这又何谈提高教学质量呢？因此，高明的教师一定是教学环节的“剪裁高手”，能够将课堂流程中无关紧要的“枝蔓”

毫不吝惜地彻底摒弃，把课堂真正还给学生。

第三个层面的“瘦身”就是慎用多媒体。用多媒体不是能提高教学效率吗？世界上没有绝对的事情，有些课堂滥用多媒体课件，反而会适得其反，影响教学效果。有些教师为了让自己的课更“好看”，不该放视频的时候放视频，不该用图片的地方用图片，这样的“花把势”不仅对学生掌握教学内容无益，而且浪费了大量的时间。因此，优化教学形式的根本措施就是教师要端正教学思想，提高对学生学习规律的认识，不赶时髦，不要刻意地追求所谓的“精彩”和“完美”。实事求是，讲求实效，以最经济、最平实的教学手段，追求朴实的教风，扎实的效果。

别让你的课“密不透风”

我在跟老师们讨论课堂效率的时候，发现他们中很多人都有这样一种认识：课堂必须要容量大、节奏快，这样在固定的时间内才能完成更多的任务，提高教学效率。

乍一看，这笔账算得一点错都没有。所谓“效率”，即是在单位时间内完成的工作量。依照这个定义来看，如果一个教师，在一节课45分钟的时间内干的事情越多，教学效率就会越高。真实情况真的是这样吗？

当然，一堂课只有保持高密度，才能保证一定的训练量，才会让学生在环环紧扣的教学环节中、在匠心独运的教学活动中，循序渐进，拾级而上。如果内容松散，课堂上学生总是无事可干，自然就谈不上高效率了。

但是，凡事都要有个“度”，如果一堂课的教学环节和教学内容设计得太密、太快、太多，到了“密不透风”的地步，效果可能会适得其反。

这样的例子并不鲜见。

我曾听过一节语文课，感触很深。在这节课上，教师俨然上满了弦的机器，一节课总在高速运转，让人颇有些透不过气来的感觉。执教者既关注学生对基础知识的掌握，又重视学生听说读写各方面能力的培养；既引导学生感悟文本丰富的内涵意韵，又引领学生鉴赏文本独特的表达方式；既对文本资源进行深入开发，又引进课外“活水”；既帮助学生积累文中精彩的语言，又引领学生学习文本表达方法，进行迁移练笔。总之，这堂课节奏不可谓不快，容量不可谓不大，环节安排不可谓不紧凑。但是，反观课堂中的学生，要么一脸茫然，要么手忙脚乱，丝毫看不出有什么在学习和掌握知识过程中的自信和从容。这样的一堂课，便又不可谓不失败。

问题出在哪里呢?

一堂课的时间是有限的，教师追求高利用率自然无可厚非。但如果误以为在课堂上给学生的东西越多，效率就越高，显然就犯了一个常识性的错误。这样的教师心里必然还信奉着这样一个“真理”：教了，学生就应该会了。可实际上，在教师的“给”和学生的“会”之间还有一道必须跨越的

“鸿沟”，而跨越的方法就是学生的理解和消化。没有理解和消化，即使“给”了学生，学生也是“生吞活剥”“囫囵吞枣”，不能做到内化吸收。试想，当我们在一堂课中涉猎的内容过多，课堂的45分钟必然会被分解成若干个琐碎的段落，这样，每个环节能分到多少时间，教者都要心中有数且严格执行，否则就可能拖堂。为了不“浪费”时间，把预设的东西全部按程序走完，教师就必然会成为课堂这个舞台的主角，学生自然就只能沦为观众。为什么很多老师即使设计了学生的自学、讨论等自主活动，一到真实的课堂上，也都会演变成一个过场，学生只是得以偶尔在个别环节“陪”老师互动一下，活跃一下气氛，根本无法起到这些环节应有的作用呢？很显然，这是因为在“过满”“过密”的教学内容的压迫下，学生不得不紧跟着老师的匆匆步履，努力完成老师要求的每一个指令性动作。多数学生上一个问题还没有思考好，就被老师领进了下一个问题。结果一堂课下来，只有少数学生得到了收获和发展，而绝大多数学生是云里雾里不知所以然的。在这样的课堂上，我们能够看到老师精巧的预设、自然的过渡……而唯独看不到学生的成长，看不到学生思维火花的闪现，听不到学生富有个性的声音，听不到教师、学生、文本之间三维立体式的对话，看不到一个动态的、生成的、有着无限可能性的“绿色课堂生态系统”。

所谓的课堂效率，必须在学生有所收获和成长的基础上来追求。如果所谓的“快节奏”“大容量”是以牺牲学生的感受、思考、记忆、辩论等的时间和机会为代价，不顾及学生核心素养的全方位提升的，那根本没有任何意义。充其量不过造成一个教师疲于奔命，学生穷于应付的局面，同时，焦虑、烦躁、不安的情绪会在课堂上蔓延开来，教师埋怨学生反应迟钝，浪费时间；学生抱怨节奏太快，容量太大。师生彼此都会像穿上了童话里的红舞鞋一般，陷入“舞不停”的尴尬境地。

因此，教师要有耐心，要学会在“等待”中收获学生的成长。当教师设定一个学习任务交给学生时，要学会一言不发静静地等待，同时也要要求学生静默思考。也许从表面上看，课堂上一片静寂，学生做着思考状：或看着书本，或看着地面，甚至手里还把玩着某样东西。这时，请教师不要着急、不要担心，也许我们不能保证每个学生都在十分专注地思考，但起码给了绝大部分学生思考的机会。在这个等待的过程中，只有学生有了充分思考的时空自由，才会针对问题积极思考，主动探讨。这就如同吃饭一样，只有学生细嚼慢咽，营养才会得以充分吸收，而如果给学生一桌子食物，硬逼着他们痛苦地、风卷残云般地全部吞下去，结果恐怕也只能让他们一个个撑得腹痛难耐。

因此，教师要努力从“密不透风”的课堂设计中留出一些“空隙”来，让新鲜的空气涌进来，这样课堂才不会“缺氧”，才会充满“勃勃生机”。

让板书重回课堂

板书是教师必须具备的一项基本功，是衡量教师素质高低的一个重要指标。但是，随着电子备课、多媒体教学、班级微信群、班级公众号……越来越多的信息技术成分介入课堂、校园，老师板书逐渐成了一桩罕见事，越来越多的教师忽视了课堂教学中的板书设计。

观察课堂中的板书，不难发现以下问题：

问题之一：随意化。教师的板书无重点、无系统、无框架，毫无预设，想写什么就写什么，想写哪儿就写哪儿。因此，我们常常见到老师边写边擦，黑板上一片狼藉。

问题之二：单一化。教师课堂中的板书形式单一，千篇一律，毫无个性和美感可言，无法给学生留下深刻的印象。

问题之三：屏幕化。多媒体技术的普及，使教师更注重课件的制作与设计，有的甚至一节课上完，黑板上只字未留。

板书真的没用了吗？其实不然。

板书，是教师通过黑板向学生传递教学信息的教学手段。板书质量直接影响着教学效果，同时，还会对学生的思维方法、审美能力、学习态度等方面产生深远的影响。在教学中，板书运用得当，有助于突出教学重点，起到画龙点睛的作用，可以帮助学生加深对学习内容的理解和记忆，激发学生学习的兴趣和热情，还能给人以美的享受，唤起学生的形象思维，开发他们的智力。因此，我们必须呼吁让板书“重回课堂”。作为一个称职的教师，也应该高度重视板书的作用，刻苦钻研和练习，不断提高板书水平，更好地为教学服务。

有的老师可能会说：多媒体课件又醒目又直观，视觉效果也好，何必还要强调传统的板书呢？其实，仔细分析二者各自的特点，不难看出传统板书的不可替代性。

首先，传统板书有利于课堂上师生互动。从某种意义上讲，教学的本质是互动。现代化教学课件可以事先准备，但教学过程不可能完全掌控于预设之中。在课堂上，学生经常会提出一些教学设计之外的问题，老师一边在黑板上板书，一边与学生深入讨论，产生灵感，这些灵感往往是教学艺术的动人之处，需要教师随机应变，将其精髓的部分以课堂板书的形式呈现出来，而这种更加亲切、更加人性化的及时反馈的优势，是教学课件所不具备的。

其次，板书是教师教学中的“常规武器”。板书的价值在于它可以呈现学习的脉络，起到提示、警示的作用。当学生开小差回来时，一看黑板就知道老师现在讲到什么地方了，有利于保持其学习思维的连贯性，而课件的播放往往“一去不复返”，并不能提供给学生“弥补”的机会。此外，板书的价值还在于它可以制造教学的停顿。学生需要思考的时间，而黑板的即时重现力强，随写随看，可以较好地控制课堂节奏，体现教学的节奏美。

记得十几年前，我有幸在一次语文教师的培训会上，聆听了北京特级教师宁鸿彬的一节语文课，课上宁老师讲的是鲁迅先生的《故乡》，我至今仍然记得那节课宁老师的板书，他在黑板上写下了一个巨大的“变”字，而整节课，都围绕这个“变”字展开，板书的内容也以“变”字为中心设计。板书并不复杂，但却反映了整节课学生学习的重点，而且，极富个性和魅力，异常醒目，让人一辈子都难以忘记。

可见，优秀的板书对提高教学效果有着显著的作用。这些，恐怕是现代技术下的教学课件所不能及的。

那么，何为优秀的板书设计呢？我认为应该符合以下几点：

深挖教材，把握重点。板书是学生掌握教材的凭借、巩固知识的依据。因此，教师的板书设计，应在十分准确地掌握了教材基本观点的基础上进行。要力求向教材深处奋力挖掘，使认识达到更高的层次；应遵循教材的逻辑顺序，紧紧把握教学内容的重点和难点。一般来说，应抓住以下重点内容：一是能引导学生思维发展的内容，如必要的标题、问题的衔接和知识的核心点。二是能引导学生由形象思维向抽象思维过渡的内容。三是能引导学生产生联想、便于记忆的内容，如对课业结构的提炼等。总之，备课时教师应十分注意把握重点，采取恰当的方法解决难点，在此基础上设计板书的内容。

掌握情况，有的放矢。要设计好一堂课的板书，教师必须掌握学生的动态，了解他们的知识水平和接受能力。不然，设计出的板书就不会发挥很好的作用，勉强使用也不会收到好的效果。

讲写结合，相得益彰。板书内容设计必须与教师的讲解紧密结合。课堂的板书只是条纲，它与教师的讲解是纲与目的关系，因此板书的内容不可能很多。这就要求教师在进行内容设计时，应结合讲述内容通盘考虑，对写哪些内容，什么时机写，写在什么位置作周密合理的安排，使板书与讲解互相协调，相得益彰。

语言准确，启发性强。教师板书的语言要确切、精当、言简意赅、一目了然，给人以凝练之感，要能起到画龙点睛、指点引路的作用，千万不能过于烦琐与啰唆。

内容完整，条理清晰。有些板书虽是在授课过程中不规则地间隔出现，但最后要形成一个整体。一堂课的板书，应是对该堂课讲述内容的浓缩，内容应完整、系统化，以便学生能在课后利用板书的章、节、目、条、款，进行归纳小结，产生再现知识、加深理解、强化记忆的效果。

除了辅助掌握教学内容之外，教师的板书还有一种重要的价值：为学生作示范。一个教师在板书的同时，会透露出一种气质、一种态度，或沉稳、或大方、或含蓄、或刚毅，这种风格和气质会深深地影响学生。板书既是对教师书写魅力的一种展现，又是对教师自身价值的一种凸显。同时它还是一种潜移默化的教育力量，能让学生在掌握学习内容的同时，获得美的感受，欣赏到教师的魅力，由此建立对教师的信任。试想，如果一个教师在黑板上写出来的东西“龙飞凤舞”、凌乱不堪，学生又怎会心生敬佩、见贤思齐呢?

别做课件的“奴隶”

我去听一节语文课，一个老师讲《爱莲说》，课件做得非常漂亮，可惜，课进行到一半儿却卡壳了，老师几乎无法再讲下去。原来，PPT上的观点竟然与老师的观点出现了分歧……

课下，这个老师很惭愧地说，他的确没有认真备课，只是在上课前找了一个课件，觉得不错，就拿过来上课了，这才出现了课堂上尴尬的一幕。

这个老师倒是坦诚，但他说的话是不是该引起我们的思考？课件，到底应该在我们的教学中起到什么作用？如果像这个老师一样去上课，课件就不是为了自己的教学需要服务，而是牵着教师的鼻子在走。课件的内容竟然决定了教师授课的内容，其观点相左便能直接导致教师“无法再讲下去”，难道，老师成了课件的“奴隶”吗？

现如今，多媒体课件已被越来越多地用于课堂教学，它以其大容量、多色彩、声光一体、展示多样等鲜明的特性给教学手段的改革提供了前所未有的空间。但说到底，课堂的主体是学生和教师，多媒体课件只是一种工具。如果让课件主宰课堂，把自己变成了课件的执行者，把学生变成了课件的观摩者，上课的过程变成了课件的演示过程，这样就本末倒置了。多媒体课件对教学的积极作用是不言而喻的，但凡事都有度，过犹不及，如果一味地为了用课件而用课件，那课件所起的很可能就是反作用了。

在使用多媒体课件进行教学时，有些教师怕操作失误，将课件设计成流水线式的结构，将所有的问题都预设完整。上课时，教师只需点点鼠标，课件便按顺序机械地“播放”下去，教师的讲解就好像电影的旁白。教学时，教师对课件播放的程序了如指掌，总是想方设法将学生的思路引到既定教学内容的呈现流程上去。教师受课件的限制难以展示自己的教学风格；学生的思维被课件“绑架”，课堂气氛沉闷，课堂由原始的“人灌”演变为先进的“机灌”。这显然十分荒谬可笑。要知道，教学是一个动态的过程，就如驾驶车辆，平安畅达的驾驶除了有赖于驾驶员和车况外，更重要的是要符合路况，如果一个驾驶员在山区驾车而选择了城区路况的驾驶策略，那肯定是会出问题的。教学也是这样，教学的最高境界是让学生知识量增加，能力提高，同时获得愉悦的心理体验，最后促进健全人格的形成。如果教师的教学只是按照自己设定的多媒体课件程序走，忽视学生这个鲜活的主体在课堂上的行为，那么教学就会无的放矢，这样的课堂很可能就是失败的课堂。

在一些理科的课堂上，有些教师把一些演示实验和学生实验都搬上了屏幕，实验操作程序和实验结果都设计得无比完美，展示的都是成功的实验。教师在利用这些课件展示教学内容、传授知识的同时，往往是充当了“讲实验，讲过程”的角色。教师关注的是课件的内容播放到哪里了，根本无暇顾及学生的学习反馈，更不用说师生间的互动和生生间的合作学习了。

有的老师为了“露一手”，对课件精雕细琢，像个画家般细细描绘，在课件上添加一些小花、小草的图案，或者是一些会动的卡通图片，以为能够吸引学生的注意力，其实不然。例如我就曾见过一位教师，他在讲授鲁迅先生的《故乡》时，竟然在课件上插入了一个扭动着腰肢的光屁股的小男孩，逗得学生前仰后合，将文本特有的味道全部搅乱了。我们须知，课件是教学的附属物，如果掺杂了太多与学习内容无关的修饰因素，只会分散学生的注意力，产生负面影响。

其实，教师魅力的感化，是多媒体教学永远取代不了的。如果教师在授课时，只集中于操作课件，而忽略了自己的表情、动作、眼神，那么即使课件制作得再好，也会冲淡教学的效果。理性使用课件，做课件的主人，坚决不做课件的“奴隶”，这本身就是在提高课堂的教学效率。

因课制宜，因材施教

观察我们的课堂便会发现，大多数教师仍坚持着“统一规划”“统一行动”的策略，从学习内容、学习方式，到学习结果，无不追求整齐划一。“一刀切”“一锅煮”，奢望全班学生都能够从一个相同的起点出发，达到一个共同的终点。但从教学实际看，这样的想法和做法显然行不通。因为一个班几十个学生，从学习基础、能力习惯到个性特征各不相同，在教学中必须遵循区别对待、因材施教的原则，才可能收获良好的效果。

两千多年前，中国伟大的思想家、教育家孔子，通过长期的教学实践，提出了因材施教的观点。有一个流传甚广的经典故事，对孔子的“因材施教”作了生动有力的说明。

一次，孔子的学生子路问他：当听到一个道理时，我们马上就要去实行吗？孔子说：有父兄在，怎么不请示父兄再去实行呢？另一个学生冉求也问了同样的问题，孔子却说：对，马上去实行。别的学生不解，孔子解释道：冉求一向行动迟缓，做事退缩，所以我鼓励他大胆去干；子路一向胆大好胜，好勇过人，所以我要他请示父兄，有意压压他。

所以后人赞道：“夫子教人，各因其材。”

更令人赞叹的是，孔子的因材施教造就了“七十二贤人”。可以说，孔子用惊人的教学成果，证明了因材施教的科学性和巨大的作用。

除孔子之外，我国古代一篇重要的教育文献《学记》也强调教师要善于发现学生的长处，并且能引导学生纠正自己的失误。

到了明代，著名教育家王守仁，针对当时儿童教育的弊病大声疾呼：儿童教育应依据儿童年龄性格特点进行，要采取儿童“趋向鼓舞”和“中心喜悦”的教育方法。强调施教要因人而异，不可超越等级。

纵观中国古代教育的发展历程，我们会看到，因材施教不仅代代相传、代代发扬，而且还为当时的社会培养了大量的有用之人。

现代著名教育家陶行知先生在教育理论研究和教育实践方面都十分注重“因材施教”，并就“因材施教”的落实发表过许多精辟的议论。他主张教师的教学必须从学生的实际情况出发，要以学生的能力为根本依据，学得多教得多，学得少教得少，学得快教得快，学得慢教得慢，并再三呼吁，要坚决反对不问实际的“先生只管教，学生只管受教”的陋习。

比如培养儿童的创造力的问题，他以形象的比喻，阐明了因材施教的原则。松树和牡丹花所需要的肥料不同，你用松树的肥料培养牡丹，牡丹会瘦死，反之，你用牡丹的肥料培养松树，松树受不了，会被烧死。培养儿童的创造力要同园丁培花育草一样：首先要认识他们，发现他们的特点，而后予以适宜的肥料、水分、太阳光。这样，他们才能欣欣向荣，否则将不能免于枯萎。

那我们要怎样才能做到“因材施教”呢？

第一，教师要承认并尊重学生的差异。世界上没有两片完全相同的树叶，学生群体由于先天的素质和后天所处的文化环境、家庭背景等的不同，存在着差异性，这种差异性主要表现在智力类型差异、学习风格差异和个性特征差异上。因此，教师要能够找到这些差异，并在实际教学的过程中制定灵活的教学方案，以期适应于不同学生的学习。只有这样，才能使每一个学生在课堂上都有收获，都有发展。

第二，因材施教要遵循“因学定教”的原则。教师要重视教学中对学生的研究。如何从整体上看一个班的学生状况，如何从个体上看某个学生的现状，教师应做到心中有数。教学的目标、方法、过程设计都要以学生的实际学情为制定依据。任何一种教学方法的使用都要是为学生服务的。盲目地在教学形式上搞“随风倒”，在教学方法上搞“克隆”，都是以教师为中心的作法，不是因材施教的体现。

第三，因材施教要强调恰当的分组教学和合作学习。教师要根据不同的教学目的，采用同质分组、异质分组、合作学习等组织形式施教，以促进学生主体性的发挥，为不同类型的学生创设自我表现、自我发展的时空。

第四，因材施教要体现在分层教学上。教师应把握教学目标达成要求的“弹性”，对那些确实有学习困难的学生，我们要允许其有暂时的落后。对于那些“吃不饱”的学生，我们也应设计好教学方案，促其不断发展。那种“只顾学困生”或“只顾学优生”的做法都不是因材施教的教学。

有人说：教学不是要面向全体学生吗？照顾大多数，就是不讲因材施教了？这是一种片面的理解。其实，受教育者“材”的差异，不仅有高低之别，更主要的是表现的方面不同。有的学生在这方面才能出众，在其他方面则较为逊色；有的学生在这方面并不突出，而在其他方面却很有才华。所谓“通才”“全才”是罕见的。因材施教正是要求教育者善于发现、注意培养学生不同方面的才能。

让作业评阅“变脸”

如果我们去问老师：你会批改作业吗？可能会让老师们感到不屑：我是老师，难道还不会批改作业吗？可如果再往深处去问：你觉得批改作业的目的是什么？到底怎样批改才会更有成效？现在的作业批改中有哪些弊端？恐怕有些老师就未必能够轻松回答了。

我记得有这样一篇关于批改作业的文章，读来颇有味道：

三十年前，使学生感到最“惊心动魄”的一幕，是老师把批改后的作业本发到手上，翻开来的一刹那：看到满纸鲜红的“√”，那种愉悦的心情真是难以言表；要是其中有的给打了“×”，常常会让人羞愧得很长时间抬不起头来。同时根据学生作业对错的具体情况，老师的批改符号又有细微的变化。答案基本正确，但尚有欠缺、不够完整的，“√”的尾巴上会加一个点；如果其中问题不止一处，教师如法炮制，会在“√”的尾巴上再加上相应的数个点，其结果是叫人越看越糊涂。作业做错了，而且错误“性质”相当严重，或者其字迹潦草，极不认真，“×”会画得很大，甚至可能占据作业本的整整一面；有时老师下笔力度大了一些，“×”还会同时划破好几页纸，真是“力透纸背”，还要加上龙飞凤舞的“重做”，可见老师是真动了怒。

二十年前，对错之间已发生了微妙的变化。学生做对了仍可打“√”，而做错不能简单地打上“×”了事，要在作业本上指出来、改过来，不必另加符号。同时，在可能的情况下，提倡教师对学生作业面批面改，对作业中值得肯定的、需要注意的地方一一指出，温言细语，周到备至，令学生心悦诚服。

十年前，素质教育被正式提出和实施。作为教育改革的内容之一，赋等级分和打激励性评语等做法也陆续被推广。老师在给学生评分时不必精确到小数点，而以“优秀、良好”等代之，其用意是把学生引出分数的泥潭，把精力放在追求真知、培养能力上。

三年前，随着“可爱老师”与“可爱作业”的热潮，老师在作业上和学生交流，学生也可以在本子上“回复信息”，师生之间情谊融融。甚至出现了根据不同程度学生而设立的“作业市场”，通过班级博客、QQ空间、E-mail等方式布置交互式电子作业。

批改符号的变迁，折射出教育改革的一段历程，让人从中体味到教育思想的转变，更是一个国家文化教育的深层变革与进步，历史铭记着过去那段沧桑的岁月……

的确，批改符号的变迁，显示着教育思想的转变，教育理念的提升。

翻阅学生的作业，发现批阅情况五花八门，其中不乏“应付者”，譬如每篇作业上都是大红勾，而作业中的错误却赫然在目，或者作业上简单注明“优、良、中、差”或“大有进步”之类“空洞乏味”的评语。当然更有甚者，作业根本没有批阅，怎么交上来的便怎么还回去，教师只满足于学生做了，至于对错，无关紧要。

这样的作业批阅，导致学生对作业的重视程度大大降低，或者胡乱应付，或者抄袭了事，或者满足于一个简单的成绩却不去想办法解决作业中出现的种种问题。作业是学生学习的一个重要环节，如果不能发挥其应有的作用，将是教学的巨大损失。因此，如何提高作业批阅水平对一个教师而言，就是一个必须解决好的课题。

首先，作业批阅要立足于学生知识水平的提高。作业最重要的功能之一是帮助学生巩固知识。做作业就是学生对所学新知识或关键的内容进行有针对性的强化训练。因此，教师对作业的及时批改、及时反馈、及时矫正，将有助于学生迅速发现自己学习中的不足，从而及时自我调整，自我提高。

其次，作业批阅要立足于学生良好习惯的养成。教师批阅作业不能仅仅满足于正确率，对学生完成作业是否及时，是否独立完成，作业的书写是否整齐，解题格式是否规范，对作业中的错误持何种态度，是否重视非书面作业，甚至作业本的保管是否到位等，都要予以关注。对学生不良的学习习惯，教师应该及时帮助学生调整、改变，以保证其拥有充足的后续学习动力。

再次，作业批阅要立足于学生主体意识的树立。“全收全改”是长期以来被广大教师普遍采用的方法，这有助于全面了解学生对已讲授知识的掌握情况，进而使教师能有针对性地安排后续章节的教学，知己知彼，备好下面的课。但这种方法不仅要花费教师大量的课余时间，实际操作起来也很难真的做到精批细改。其实，我们可以尝试让学生“自批自改”，让学生成为批改作业的主体。这种方式的变换，有利于调动学生学习的积极性，促进学生的个性发展，树立学生学习中的主体意识。

最后，作业批阅要立足于学生非智力因素的发展。许多教师习惯于用“√”“×”来评判作业正误，评价学习思维、学习成绩，这往往会影响师生之间思想、情感的交流。教师们不妨改一改，如作业做错时在旁边打个“？”；作业完成认真但没有全对的给他画一个笑脸，表示老师对他的作业态度的认可；做得认真并无错误的加“☆”等一系列符号。把那讨厌的“×”驱除在作业本之外。这样做，既有助于师生情感的交流，又能保持学生的学习兴趣和热情，增强其自信。

总之，恰当的作业批改方式有助于师生双方的了解和教师分析教学成败的原因，更有助于教师以此为依据，调整教学目标、进度和方法，这无疑会促进教学质量的提高。

课堂上要培养学生的关键技能

我曾经看过一部纪录片，反映的是19世纪德国教室的情景，其与中国现代的教室几乎一模一样：整齐的方形课桌，认真听讲的学生，老师在讲台上挥舞着教鞭，将书本上的知识灌输进学生的脑袋里。这种设计因便于大规模、高效率地“生产”工业生产所需的劳动力而成了中国甚至全球教室设计的范式。时至今日，时代已发生巨变，但还有相当一部分教师与家长信奉这种落后的教育模式：培养孩子快速、不出错地执行重复性任务，以刷题为主要路径，以死记硬背为主要形式，以排名来优胜劣汰，沉迷于追求大学文凭之中。这样的教育理念并不能支持我们应对信息社会未知的挑战。每个教师都应该思考：我们到底应该教什么？应该怎么教？到底应该培养什么样的人才？哪些知识和技能才是学习者和劳动力所应具备的“21世纪素养”？

2016年9月，由北京师范大学牵头研发的《中国学生发展核心素养》正式发布。2022年4月，教育部颁发了《义务教育课程方案和课程标准（2022年版）》。这些努力，都在试图探索能够应对未知的未来社会变革的人才培养问题。但遗憾的是，对相当一部分一线学校和教师而言，这些标准的阐述，依旧有遥不可及、隔靴搔痒之感，很难落地生根。

与之相比，我认为课堂教学更应该把着力点放在培养学生的关键技能的研究和实践上，因为关键技能才是决定一个人未来生存优势的保障。在这方面，我很欣赏美国一位教育学者的观点，他列出了一个在当今信息时代获得成功所需要的“生存技能单”，这七大生存技能是：1.问题解决与批判思维能力；2.通过网络合作与通过影响力领导；3.灵活性与应变力；4.首创精神与创业能力；5.有效的书面与口头沟通能力；6.信息的获取与分析；7.好奇心与想象力。

我们假设一下，如果学生成绩单上，由一串串分科的分数，演变为对关键技能水平的评估，那我们的教育将会呈现怎样的状态？我们的学校又将给孩子提供一个什么样的未来？

虽然这样的观点，在当下应试教育的大潮中看起来仍然有些虚无缥缈，但非常可贵的是，我们的一些学校、老师，已经在主动进行着摸索了。

深圳市“年度教师”孙立春在自己的文章《为未来而教：一位特区“年度教师”的教育思悟》中写道：

我认为，教师就是孩子的摆渡人，陪伴他们从人生的此岸到达理想的彼岸，并在途中探索未知的世界。在课堂上、实验中，我不再是“一言九鼎”，而是与学生一道分析现象、发现规律、寻觅真理的同行者。为了拓展学生的思维广度与国际化视野，我充分利用互联网技术手段，引导启发他们开展无边界学习，VR创新课堂、MOOC（慕课）、PAD教学等，已经成为我们常态化教与学的得力工具。当美国宣布首次探测到引力波、中国决定设立引力波科研项目的重磅科学新闻传出，我第一时间组织学生查找资料，了解引力波的概念，还鼓励学生给深圳大学、南方科技大学、中山大学、香港科技大学、哥伦比亚大学的教授学者发E-mail，请教引力波对未来人类科技进步的影响等问题。学生们说，敢去问为什么、敢去质疑一些“定论”，让他们觉得很有趣。而我跟学生在一起时最愿意听到的一句话就是：“老师，我很好奇……”也因此，光启实验室、大疆无人机设计室、腾讯总部、前海蛇口自贸片区展示馆，都留下了我和学生“约会科技”的足迹。就是这样，崇尚科学的种子在一点点萌芽，探求未知的习惯在一天天形成，用创新的理念与手段为学生营造最好的学习条件和氛围，我和学生始终在路上。

孙老师应该算得上无数优秀教师的代表之一。她的优秀就在于她洞察了未来社会对人才培养的新的要求，主动从固化的教育思想“樊笼”中挣脱了出来，在课堂教学中，超越教材的既定内容，坚持发现和开掘学生的兴趣和天赋，使学生们着力于学习、思考和解决现实世界的问题，注重对其思维品质和关键能力的培养。在这样的过程中，或许机械的知识的学习量减少了，但学生们在学习过程中的积极投入，证实了这个过程中学习在“真实发生”。而他们在这个过程中所获得的关键技能，好奇心、想象力、合作力、表达力等，都将成为他们未来闯荡世界的重要资本。需要特别强调的是，如果在这样的过程中，教师善于发现并引导学生发挥自己的优势天赋，开发出每个人特有的技能，那不仅将为他们的人生增值，也会使他们在“兴趣”与“职业”的一致中收获最大的幸福。

当然，推动这样的变革并非易事，甚至可以说是举步维艰。但这并不代表着，我们的老师就没有可作为的空间。我相信，此时此刻就有无数像孙立春一样的老师，正在这条希望之路上坚定地往前走。

微小的力量汇聚在一起，将不可估量。

让死记硬背退出我们的教学

十五六年前，我在一所初中工作，我的校长不止一次讲：什么叫会了？会了就是记住了。这句简单明了的话深深地刻进了我的大脑，我知道，这样的观念也被当校的很多老师认定为教学的“真理”。于是，几乎所有学科的教学都把“背诵”放在最重要的位置上，教师们不厌其烦地督促学生记住大量的单词、文章、概念、定义、公式。一时效果不错，在全区统一测试中学校成绩较为突出。

但后来的一次学生测试，让我对这个观点产生了怀疑。那时候，中考政治和历史学科是一张试卷，称为“文科综合”。老师们帮助学生把所有考点都整理了出来，拟好正确答案，让学生背诵下来。本以为万无一失，结果在初三第一次模拟考试中，学生们就考砸了。通过分析试卷，政史组的老师得出结论：这些试题其实都没有超出他们备考的范畴，不过综合性较强，需要学生对原有材料和答案进行拆分重组。但就是这样一个要求，让学生“失手”了。这件事引发了老师们的思考：如果学生们缺乏对知识的深刻理解和运用能力，只是死记硬背，这样的教学又有多大价值呢？

再后来，文科综合的考试开始采取开卷形式。学生们欢呼雀跃，以为能从大量的背诵中解脱了，于是，手头的课本、练习册全部密密麻麻写满了试题和答案。结果，考试的时候，又有一部分学生“抓瞎”了：脑子里空空如也，从答卷第一分钟就开始翻书找答案，不要说答题没有任何思路，连时间都不够用，只能败下阵来。这又让老师们幡然醒悟，看来该记住的还得要记住！

分享出这段经历，我是想借此引入关于学习中“记忆”的话题。因为缺乏对学生记忆规律的把握，常常导致教学中教师行为的失当，从而带来不良的后果。

当然，反对记忆是不正确的。一名美国研究认知心理学的教授提出了一个颠覆性的观念：大脑能做很多事情，但思考却不是它最拿手的。大脑靠记忆做成每件事，记忆储存着指引行动的策略。所以，一个人看起来在进行逻辑思考，但其实大多数时间他只是在进行记忆检索。

那么怎样才能让“记忆检索”变得更容易呢？这就需要我们在大脑中存储更多有意义的信息，即所谓的“背景知识”。牢记背景知识对于学习来说十分重要，因为唯有如此，我们才能更有效地思考。

因此，一个人必须记住一些东西，比如一些经典语句，一些定义、公式，这些都需要记忆，不记忆就没有知识积累，没有原始的知识积累，就绝对不可能形成自己的知识体系，也就失去了思考的“初始材料”。就像那些参加开卷测试的学生，没有基本的背景知识为基础，也就不能完成独立思考，厘清知识脉络。

我们再来看看学习中的“死记硬背”。记不能“死”，背不能“硬”，从理论认识上看，“死记硬背”并非好的学习方法，这点已经在教师界达成了共识。但是，回到实践层面，

“死记硬背”在不少的课堂、不少的学生那里又普遍存在。的确，面对学生概念不清、基础不牢的困境，不让他们“死记硬背”，又有什么好的办法呢？

百度百科对“死记硬背”的注释为：不用理解力却使用记忆力而一味死板地背诵书本。可见，“死记硬背”其实是一种完全脱离了理解的记忆。

苏霍姆林斯基认为，让孩子大量记忆他们根本不能理解的东西，是对孩子智力极大的伤害。死记硬背会造成一种幼稚病——它会使成年人停留在幼稚阶段，使他们智力迟钝，会阻碍其才能和爱好的形成。就其实质来说，这就是把教小孩子时特用的那些方式方法，搬用到少年和青年的身上来。

由苏霍姆林斯基的观点我们可以看出：他反对“死记硬背”，但并不是全盘反对。至少他认为，在孩童时候，让孩子们适当多记一些东西仍然是有必要的。在人最初始的发展阶段，模仿和记忆是人类最主要的学习方式，在这种记忆中，有许多东西是我们并不理解的，但我们依然记住了，这些东西在我们的后续学习、生活中发挥了重要作用。

李镇西老师也认为，让孩子在其记忆力最强盛的时期，通过背诵将最经典的古诗文化作自己的血肉，这是形成终身语文学习能力的“童子功”。

“记忆力最强盛的时期”，即苏霍姆林斯基所讲的“孩童时代”。幼年、童年时期的孩子，记忆力往往是惊人的。这时候让他们多读多背一些他们暂时不理解或者不能完全理解的东西，并不是一种过错。就像牛会反刍一样，人也会反思，会回味曾经的知识和经验，从而使自己的认知水平实现螺旋式上升。很多父母让孩子背诵唐诗宋词，我们不能简单将其定义为“死记硬背”，背诵这些诗词的意义，会随着他们人生阅历的增长，越来越清晰、越来越明朗。

但是，随着年龄增长，曾经的孩童进入了少年、青年时期，再去要求他们“死记硬背”，害处就会逐步凸显出来。

一项研究发现，尽管死记硬背会让人记住不少东西，但却会导致记忆中的细节缺失。这意味着，靠反复学习留在人们脑海里的记忆，可能并不准确，反而瑕疵不少。

这一点从我们的实践中也能得到证实，如果将一个毫无理解基础的“新知识”硬塞入人的大脑，即使耗时耗力，重复几十甚至上百遍也很难记下，即使勉强记下了，也容易忘掉，更谈不上将其灵活运用了。

最新的研究成果也证明，“死记硬背”是违反脑科学的。因此，在教学中教师应该引导学生遵循记忆的规律，科学记忆，以此来掌握知识、提升能力。

此外，针对不同学科，我们还应该寻找符合学科特色的记忆方法。我记得在我上初中时，就在化学老师的鼓励下，和几个同学参考军棋的玩法，发明了一种“化学棋”，几乎将化学课本上所有的化学反应方程式全部涵盖，通过这个游戏，大家很快掌握了那些内容。我想，这就是符合学科特色、创新型的记忆方法。

我认识的一个历史老师，他每次接新班都会让学生背课本目录。一开始学生不理解，后来慢慢就体会到了好处。老师这是要让每个人都在头脑中建立起历史知识的系统脉络，如此一来，待到他们学习之后的内容时，就能够通过这个脉络，快速寻找到对应的知识点、厘清知识与知识之间的联系。这样一来，整个历史课程的学习就会变得富有逻辑性，学生掌握起来也会更加容易。

在英语学科的学习中，记忆单词也非常重要。按照艾宾浩斯遗忘曲线的规律去记忆并及时复习，就能抓住记忆的最佳时间点，确保记忆的效果。这比盲目地死记硬背要强许多。

此外，对于任何学科而言，通过小组方式强化记忆都是一个不错的选择。教师可以组织同学们一起学习，使他们尝试相互解释、相互探讨一些学习中的重要问题。如此同一主题的知识便能在学生的脑海中迅速连接，提高学生的学习效率。

我一直认为，记忆能力是可以训练提升的。但这并不是说，我们要“填鸭”似的逼迫学生把知识塞进大脑，而是要注意研究学科知识的特点，研究每个人自带的学习属性，为学生量身打造符合学科特点或者他们个人的记忆方案，从而帮助他们提升学习的效率。

学习是一门科学，近年来脑科学、心理学等相关学科的迅速发展，为我们提供了越来越多可借鉴的成果。教师应当想办法把这些成果引入课堂，去撬动自身头脑中顽固的“经验”“屏障”，使我们真正走上科学、高效的教学之路。

本章小结

√ 对优秀教师而言，只有学会不拘一格、不限一法，善于变化，培养学生学习的兴趣，点燃学生学习的热情，才会给课堂增光添彩。

√ 教师也是教材的开发者，要以备课、上课的形式参与到教材的再编写中，大胆改革教材中的不合理因素，根据学生的实际需要增删、调整教学内容，融入自己的科学精神和智慧，对教材知识进行教学重组和整合，对教学内容进行综合化拓展渗透。

√ 每个老师都应该用一双慧眼，去寻找、去发现、去采撷，带着新的精神面貌走进课堂，给学生耳目一新的感觉，给课堂注入新鲜的空气，让学生如沐春风。

√ 教案的线条可以“粗”一些，给实际教学留下一定空间，最终在教学中完成，在教学后完善，决不能将一节课变成完全预定的、僵死的“走教案”“演教案剧”。

√ 一节课确定较少的教学重点，要讲就讲透彻，要讨论就讨论个明白，要练就练到熟练掌握运用。不要眉毛胡子一把抓，弄了一大堆的教学目标、教学内容，结果个个都是蜻蜓点水、浅尝辄止。

√ 如果所谓的“快节奏”“大容量”是以牺牲学生的感受、思考、记忆、辩论等的时间和机会为代价，不顾及学生核心素养的全方位提升的，那根本没有任何意义。

√ 在教学中，板书运用得当，有助于突出教学重点，起到画龙点睛的作用，可以帮助学生加深对学习内容的理解和记忆，激发学生学习的兴趣和热情，还能给人以美的享受，唤起学生的形象思维，开发他们的智力。

√ 如果让课件主宰课堂，把自己变成了课件的执行者，把学生变成了课件的观摩者，上课的过程变成了课件的演示过程，这样就本末倒置了。

√ 任何一种教学方法的使用都要是为学生服务的。盲目地在教学形式上搞“随风倒”，在教学方法上搞“克隆”，都是以教师为中心的作法，不是因材施教的体现。

√ 恰当的作业批改方式有助于师生双方的了解和教师分析教学成败的原因，更有助于教师以此为依据，调整教学目标、进度和方法，这无疑会促进教学质量的提高。

√ 我们假设一下，如果学生成绩单上，由一串串分科的分数，演变为对关键技能水平的评估，那我们的教育将会呈现怎样的状态？我们的学校又将给孩子提供一个什么样的未来？

√ 记忆能力是可以训练提升的。但这并不是说，我们要“填鸭”似的逼迫学生把知识塞进大脑，而是要注意研究学科知识的特点，研究每个人自带的学习属性，为学生量身打造符合学科特点或者他们个人的记忆方案，从而帮助他们提升学习的效率。

第六章

课堂的人文之道

——教学要秉持对生命的敬畏

人文课堂的生态特征：生命气息浓郁，形成一种对生命的理解、关怀与尊重，呈现出开放、自由、和谐、智慧的特质，学生得以放松地发展。

教什么比怎么教更重要

我曾经在语文组做过一个实验，给教师们提供一篇课外小说，让他们以此为内容给初二的学生上课，结果发现了很大问题：几名老师无一例外，都能做到教学设计完整、周密，教学方式丰富、精彩，课堂驾驭也游刃有余，确实体现出了教学艺术的高水平。但是，借助这篇小说到底应该教学生什么，几个人的想法却大相径庭。这还不是根本问题所在，研讨中再深究一步，对初二学生而言，小说的教学要求是什么，课程标准是如何界定的，大家的认识都很模糊。

长久以来，人们把注意力过多地集中丁“自主”“合作”“探究”等教学方式的研究上，并将这些内容列为最重要的课堂评价指标。于是，一堂课“是否实现了教学方式的转变”几乎成了践行课改成败的标志。为了“合作”而“合作”、为了“探究”而“探究”的课层出不穷，但这样的课很难达到课改预期的目标。

从语文组的这次实验可以看出，教师们把气力更多地用在了“怎么教”上，而对“教什么”明显缺乏缜密的思考。大家没有从思想上形成对课改本质的认识，只在“招式”上大做表面文章。

“教什么”是教师对教学内容理性的思考，是教师在上课前首先要解决的问题，“怎么教”则侧重于方式方法，是由教学内容所决定的。打个比方：如果说“教什么”是我们要去的地方，“怎么教”则是到达这个地方所采用的交通方式，如步行、骑自行车、开汽车等。如果我们连要去的地方都不知道，那么不管选用什么交通工具，我们能到达目的地吗？答案当然是否定的。

为什么大家会普遍忽略对“教什么”的研究呢？我想主要有两点原因：一是长期以来，教材都是教师走路的“拐杖”，许多教师满足于做教材的“传声筒”——备课就是把教材中涉猎的内容原封不动地搬过来，在课堂上再把这些内容原封不动地搬给学生。教师不知道教材内容和教学内容的区别，对教材缺乏独立见解，在“教什么”上说不清道不明，对教材体系更是不甚了解，这就难免造成教师教学上的随心所欲或不知所措，而想让他们根据学生的实际需要对教材进行增删、调整。融入自己的学科精神和智慧等，就更是奢谈了。二是长期以来的考试“指挥棒”导向，造成了教学中普遍存在的“考什么就教什么”的现象，老师们喜欢研究考试，热衷于揣摩命题人的心理，对考试热点大教特教，对非重点则“大胆放弃”，根本不关心课程标准的要求是什么。这种“以考定教”的做法完全曲解了“教什么”的本质，极易造成学生知识体系的不完整。

一个“拐杖”，一个“指挥棒”，导致教师缺乏对教材的深透理解。就特定的教材内容而言，具有哪些教学价值？对具体的学生来说，应该选择怎样的教学内容？从教师本身来说，能否胜任这一教学内容的教学工作？这些，是远比教学方式更重要的问题，是老师在选择教学方式之前必须弄明白的事情。

那么，我们该怎样确定“教什么”呢？我想提几点最起码的要求：一是教师对自己的教学内容要有清晰的把握，知道自己在教什么，并且知道为什么教这些内容，厘清这些内容在整个教材体系中的位置及前后关联；二是一堂课的教学内容要相对集中，不要过于分散，要让学生学得相对透彻，那种一堂课动辄设立七八个学习目标的做法不可取；三是要选择与学生现有知识基础相匹配的教学内容，要让学生“跳一跳，或再跳一跳，就能摘到果子”，而不是无法企及的。并且，教师要清楚学生在学习过程中可能遇到的障碍，以及为解决障碍“铺设台阶”所需的知识有哪些。总之，要凸显“教学内容”的价值与意义，所选择的内容要有助于学生知识结构、学科素养、人格修养、技能技巧、独立思考能力等方面的完善和提高，否则，一切都是徒劳无益的。

内容是皮，形式是毛，皮之不存毛将焉附！如果一节课下来，目标定位不精准，课堂教学没有深度、广度，那么无论你用什么教学方法，都将是无根之木、无源之水。这是教学须遵循的基本逻辑。

别“丢了学生”

我曾经听过这样一堂数学课，那位老师讲的是反比例函数。这个章节在初中数学中的确是难点。在上课过程中，老师按照自己预设的方案，目中无人，滔滔不绝，乐在其中。快下课时，老师按照所讲的内容，出了一道对应的训练题，结果，学生完成的情况令人瞠目结舌：全班52名学生，只有4名学生举手示意做对了。而其他学生，皆是一脸茫然。

我惊诧于这节课的低效，非常想听听老师的看法。没想到的是，当课下我向这位老师表达了自己的担忧和疑虑之后，这位老师不仅不以为然，反而振振有词：这是课程标准规定的授课内容，我规规矩矩地教，做自己应该做的事，至于学生学不会，那是他们自己的事，怎么能怪我呢？

我哑口无言。到底什么是教师“应该做的”？如此僵化地执行教学任务，丝毫不考虑实际效果，脱离了受众群体的整体水平而进行的所谓“传授”，无异于在沙丘上搭建房屋，教学效果从何谈起？如果秉持如此的教学理念，久而久之，就会“丢了学生”，就会逼迫学生从教师的视野中“消失”。我们常常会谈及班级教学中“两极分化”的问题，难道那些掉了队的学生是心甘情愿的吗？不是，他们中的绝大多数也有着强烈的自尊心，也渴望着得到老师和同学们的认可，但是，一旦作为课堂“统帅”的教师强硬地将他们从集体中剥离，作为“弱势群体”的学生，或许也就只能“听之任之”了。

一位优秀的教师，就应该在课堂的45分钟里，始终和学生“站在一起”，一个都不能少。而具体如何做到跟学生们“站在一起”，不“丢掉学生”呢？我认为至少可以从以下几点着手：

首先，要用心去观察、去了解。一个班几十名学生，个性不同、思维方式不同、行为习惯不同，很难做到整齐划一。教师在心里装着“教学方案”的同时，更要装着学生。要时刻问自己：班里的每一个孩子今天是什么状态？是对学习饶有兴趣还是毫不关心？是专心致志还是神游物外？要做一个“眼里不揉沙子”的老师，学会“眼观六路耳听八方”，这样才能在课堂上观察到学生每一个细微的动作，每一个细腻的眼神，从而了解学生当下的心理状态，及时“纠偏”，将学生分散的注意力收拢回来，最大限度地保证每个人都身在课堂，心也在课堂。

其次，要找到教学内容与学生实际水平的对接点。在教育界有一句流行的话，叫“蹲下身子看学生”，这句话的本意是说教师应该放下高高在上的架子，降低姿态，以一种平等的态度和学生谈教育，这样的教育才会真正有效。其实，教师在课堂教学中也应该学会“蹲下身子来教学”。能够成为教师的人，自然是在某个学科领域有所研究、有着较丰富的业务知识的人，在实际教学中，这样的专业背景就往往容易让教师不由自主地“拔高”自我姿态。但我们必须清楚，学生的知识水平跟我们并不一样，我们眼里非常简单的内容，对学生而言可能是难度非常大的。如果不顾学生的实际学情来教学，就极容易出现老师的“讲”和学生的“学”无法对接的情况，信息输入自然受阻，如此一来，带来的就会是学生的迷惑不解和兴趣渐失。因此，找准学生的起点，以此作为施教的依据至关重要。当然，像文中那位老师所言，“这是课程标准规定的授课内容”，似乎也不为错。怎么解决这样的矛盾呢？那就需要教师精心设计教学过程，在学生知识起点和“课程标准规定的授课内容”之间搭梯子、铺台阶，让学生分几步走，最终到达终点。否则，不顾及二者之间的鸿沟，一味“硬灌”，课堂教学势必陷入尴尬的僵局。

最后，不“丢掉学生”还有一个关键点，就是教师不要自以为是。很多教师总认为学生只是孩子，没有思想，没有头脑，只需要教师画好“道道”，学生沿着老师画定的路线往前走就行了。殊不知，现在的学生见识广、想法多，他们对每个老师的教学都有自己独到的见解。如果他们认定的道理和教师的教学实际出现了偏差，而教师又没有及时对这一偏差进行解释说明，就会使他们在心理上产生抵触情绪，从而远离教师的课堂。因此，一个聪明的教师不妨放下所谓的面子，真诚地向学生征求意见，听从学生的建议，不断修补和完善自己的教学行为。当学生的心被收拢到老师身边了，我们何必还要担心学生不和自己“站在一起”呢？

先学后教，不学不教

余文森教授就教学问题有过一番精彩论述，大意是：当学生处于依靠教师的学习阶段时，必须先教后学，但是教的着眼点是为了不教，学的着力点在于自主、独立学习，因此，教师要致力于教学生学会学习，从而使学生慢慢地摆脱对教师教的依赖。许多优秀教师总结出这样的教学过程：教—扶—放。从动态发展角度来看，整个教学过程也就是一个“从教到学”的转化过程。在这个过程中，学生的学习能力不断提升，教师的作用不断削弱，最后学生完全独立。所谓教师的主导作用，最主要、最根本的也就在于促进和完成这一转化。

这一观点非常清晰地阐释了一个道理，在教学的问题上，必然经历一个由“先教后学”到“先学后教”的过程。中学生经过小学学习，已经具备了一定的学习能力，他们能够相对独立地阅读教材和思考问题，因此，在教学中，教师要遵循“先学后教”“不学不教”的原则，这是提升课堂品质的必由之路。

“先学后教”是对传统教学方法的根本否定，是把学生的“学”放在了第一位，把教师的“教”放在了第二位。教师在备课时首先要钻研课标和教材，明确教学目标，思考在教学过程中哪些问题是通过学生自学可以解决的，哪些问题学生是可能会遇到困难，需要教师做好学前指导，依据学情来设计教学步骤的。在教学时教师应首先组织学生通过自主学习解决大量问题，对于学生们自学中遇到的困难，教师还可以通过组织同学讨论和互教作为补充性的教学手段。课堂上教师要让学生充分展示自学成果，使其暴露学习中的缺陷，以便老师准确掌握学情，从而有针对性地为学生释疑解难。遵循这一原则，老师只需要讲学生自学不会的知识点，不仅讲解更具针对性，同时还能节省大量时间。讲的时间少了，学生自学、展示、课堂练习的时间就多了，课堂教学效率自然会更高。

我们应该坚定一个信念：教学效率的高低不是取决于教师讲得多么细致，而是取决于学生参与学习的有效程度。学生参与得越充分，学习的主动性越强，教学效率就越高。教师教学关注的重点，应放在设计科学的教学流程上，从而指导学生主动参与学习探究。举一个十分简单的例子，母亲教孩子走路是把孩子抱在怀里孩子学得快呢？还是站在孩子前面适当的位置指导孩子自己走学得快？答案当然是后者。教学也是如此。

到底如何实现“先学后教”呢？林华民老师认为，一是先学生自学、后教师教学。这里特别强调的不是课外自学，而是课堂内的先学后教。学生先自学、先思考、先尝试、先提问、先互助等，都属于“先学后教”的范畴。二是先学生思考、教师后给出答案。就是让学生在课堂学习中拥有先自学后听讲解、先思考后对答案、先尝试后“动口动手”、先质疑后释疑等的权利。三是学生如何学先于教师怎样教。教师要坚持以学定教，从“学生如何学”入手研究确定“教师怎样教”。不论是备课还是上课，教师都要把“学生如何学”作为课堂研究与教学实施的重点。教师要力争从时间结构、教学内容、教学方法上，把课堂时间、课堂思考权乃至整个课堂尽可能多地还给学生。

我在这里要特别强调两个问题：一是怎样让学生“先学”。学生“先学”不是无目的地学，不是放任自流，也不是简单地看看书，老师再回到讲解的老路上去。教师要在深刻理解和把握教材的基础上精心设计问题，这些问题应该是符合课标要求的，应该是符合教学目标和学生学习实际的，应该是具有难易梯度和逻辑递进关系的。确定了“问题”之后，教师才能让学生有针对性地沿着这些问题的阶梯一步步登上知识的新境界。在学生先学的过程中教师还要及时给予指导，准确把握学情。二是教师如何“后教”。“后教”不是把学生学过的东西再教一遍，而是要做到学生已经学会的不教，经过指点学生可以学会的不教，学生之间能够互相教会的教师也不教，教师只应教学生学不会的东西。

“先学后教”的合理性在于，教师在教学过程中能让学生动手的尽量让学生动手，能让学生思考的尽量让学生思考，能让学生动口的尽量让学生动口，把学习的自主权充分交给学生，真正体现“学生为主体，教师为主导”的教学指导思想。

不解学情勿谈上课

一名语文老师在全区上公开课，本来踌躇满志、信心爆棚，却不料大失所望：公开课远未达到预期效果，无论从课堂氛围、学生活动还是教学实效来看，都不能令人满意。这名老师很郁闷，拿着教案找到我，不解地说，他上课是套用了湖北特级教师余映潮老师的一个教学设计，这个设计好评如潮，既简单实用又不乏艺术性，怎么拿到自己课上来用却会这样的糟糕呢？

我想，这不单单是这个老师的疑惑，也代表了一部分教师的苦恼，同样一个教学设计，为什么在这个班能够顺利施教，而到了另外一个班就“法力尽失”，这到底是怎么一回事？

这就涉及一个“学情”的问题，如果教师不去考虑学生的实际情况，再优秀的教学设计也未必能够达到预期的效果。我们的教师在备课时，大多会对教材内容及教材的呈现方式深思熟虑，但有多少人会真正琢磨自己所任教的班级和学生的现实情形呢？没有“备学生”“备学情”，又怎能奢望课堂教学取得好的效果呢？

真正优秀的教师，都善于进行“学情分析”。所谓“学情分析”，就是指教师对执教对象——学生的情况进行分析。每个班级的管理模式、思想状态、群体行为习惯都不同，教学的内容、手段也应该随之调整；每个学生的背景不同，起点也不相同，甚至是智商、情商都参差不齐，这就决定了他们理解问题的能力与发展的潜力、速度都会天差地别。对于同一个知识点，程度好的学生理解起来会快一些，程度差的学生理解起来可能会慢一些，这都是很正常的。因此，教师在备课时必须要考虑班级的整体情况、学生的平均水准，既要使自己的教学设计符合班级的学情，又要考虑到教学过程、方法的灵活性，坚持整体与部分兼顾，统筹协调。如此，才能在课堂教学中有的放矢、对症下药，提高教学效益。

一般来说，教师在备课时，总要围绕以下问题思考学情：

◎对于这节课的教学内容，学生的基础怎样？

◎相关的知识学生掌握得如何？

◎学生的学习能力提高了吗？

◎相应的学习方法学生掌握得怎样？

◎学生对于这块内容的学习兴趣如何？

◎在教学过程中学生可能会产生哪些问题？

◎学生可能会出现哪些错误？

◎如果出现问题，教师该如何解决？

◎在学生的学习态度、学习方法、学习习惯上尚有哪些是与本课教学内容不相适应，需要想办法加强的？

◎不同的问题究竟应该考虑让哪些学生来回答？谁来完成练习？该让谁来板演？

这些问题，既考虑到较浅层次的学生的知识基础巩固问题，又涉及较深层次的学生潜力挖掘问题；既预想了教学中可能出现的问题，又构思了问题出现如何解决的问题；既涉及单纯的知识传授、能力培养的问题，又涉及学生管理、规范建立、习惯养成方面的问题。建立在这样一个对学情的细致把握的基础上，教师便可深入思考：以本班的学情为基础，我究竟应该教什么？不教什么？哪些内容重点讲？哪些内容简单处理？以怎样的方式去讲、去组织学习？设计哪些练习更有效？

教师好比导演，如果对剧本不了如指掌，对演员不彻底了解，也就不能导出内容生动、剧情感人的好戏来。教师只有对教材内容、教学对象、教学方法经过深思熟虑，做到了然于胸，才能把课上得妙趣横生、引人入胜。

相当一部分教师在教学中总是难以把握一个度，尤其是在班级内学生之间知识和能力水平差异较大的时候。“到底教什么？”“到底该怎么教？”这些问题往往令他们愁苦不已。教的内容太浅了，怕优秀的孩子吃亏；教的内容太深了，又怕一部分孩子掉队。这种担心也不是没有道理。因此，在分析学情的基础上，教师必须准确定位学生的学习目标，要做到“保底性目标”和“发展性目标”相结合。所谓“保底性目标”，就是指根据课程标准和教材的要求，学生必须掌握的知识性和技能性目标，这部分内容往往是考试的重点内容，与“分数”息息相关，是教师和学生的“命根”，自然不能丢。称为“保底”，就是说全体学生都应该“达标”，这样就为班级整体获得一个优良的教学成绩奠定了基础。但很多老师只看到了这个目标，所有的课堂教学都围绕这个目标来进行，不敢越雷池半步，结果出现了教学内容过于肤浅和呆板的弊病，限制了一部分优秀学生的发展。因此，除“保底目标性”之外，还需要强调“发展性目标”，即在培养学生的学习方法、情感、态度、习惯、价值观等方面着力，将这种“看不到摸不着”的抽象目标纳入教学中来，积极引导学生主动学习、参与合作、参与交流，培养积极的情感、态度和正确的价值观。这些非智力因素虽然不能直接成为试卷上的考题，但对课堂却有着非常重要的助推作用。我们去观察那些优秀的教师便不难发现，他们无不是在“发展性目标”的完成上下足了功夫，从而使自己越教越轻松，越教越高效。

当然，研究学情不能仅仅局限于课前，有时候学生的课堂行为会大大出乎教师的意料，如果指望按照自己的教学设计推进便能“天下太平”，这无异于痴人说梦。因此，教师要善于观察、倾听，从学生的眼神中，从学生的言谈话语、一举一动中，发现他们在学习中随时可能出现的困惑或富有创意的闪光点，从而及时调整教学目标、教学流程，完成第二次备课。优秀的课堂，不是老师牵着学生走，而是学生的思维、学生的表现推着老师走，教师既不忽视学生的看法，又不搁置学生的问题，师生之间彼此引导，互相作用。如此，教师的教学行为就会像流动的水一般，顺势而为，直抵学生的心灵。

“知己知彼，百战不殆”，心中有学生，眼里有学情。老师在教学实践中，只有多留心观察，多总结经验，多开动脑筋，对学生的行为、思想情感、学习情况等做到心中有数，才能进行有的放矢的教学，提高课堂教学质量。

“备学生”才不会“对牛弹琴”

我在教师中经常听到一种论调——课堂教学的失败全在于学生的“麻木不仁”。真相是这样的吗？非也。课上学生无动于衷，恰恰是老师出了问题。试想一下，当你所教授的内容完全是学生不关注、不感兴趣的东西时，你怎能奢望学生在课堂上积极主动地“配合”你呢？

很多时候，我们的老师都会抱怨自己“精心准备”的一节课没有得到学生相应的回应，真是枉费自己一番苦心。但我们仔细剖析便不难发现，在绝大多数情况下，教师所谓的“精心”并没有落到实处，因为他们并没有认认真真地研究学生的需要，并没有把研究学生的情况作为备课的内容之一，所以才造成这样的结果。

“备学生”并非新生事物，在教学实践中我也常常听老师们提起。但是，光说不练假把式，在现实教学中，我很少看到有哪个教师能够真正考虑到学生的实际情况，站在学生的层面来思考和安排课堂教学。这说明，所谓的“备学生”还只是停留在口头上，并没有落实到教师的行动中。

我们应该清楚，了解学生与了解教材同等重要。一个教师通过几年、十几年的教学，对手头的教材有了比较深入的理解和研究，这种理解和研究一旦确定，就变成了教师自身稳定的文化构成。但是，教师所面对的学生却极其“不稳定”，他们每个人都是不一样的，每一个学生都有不同于他人的兴趣、爱好、性格、气质等，即使是同一个学生，也会随着时间的推移、空间的转换表现出不同的特点。在绝大多数教师的备课中，对教材的了解和研究都要远远高于对学生的了解和研究，这就犯了本末倒置的错误。因为，教师对教材的研究结果，必须通过教学生得以落实。如果不了解学生、不研究学生，对教材知识的传授也就很难达到预想的效果。

那么，我们应该如何“备学生”呢？

第一，我们要全面了解学生。学生原有的知识基础如何？学生基本的学习能力怎样？我们必须通过交流、测验等多种方式摸清学生的“底”，然后才能确定教学内容的难易程度，有针对性地上课，此外，不同年龄、不同学段的学生有怎样的认知特点？制约他们发展的情感因素有哪些？教师也要想方设法加以了解。从处于基础教育阶段的学生来看，影响他们学业成绩的因素往往是非智力层面的。只有了解了这些，教师才能根据学生的实际情况制定相应的教学策略。再者，研究学生的生活背景也很重要，这个背景不单单是指学生的成长环境与家庭情况，还包括学生的经历、经验、思想和生活状况。每位学生的生活环境、学习经历都会不同，依此而形成的对社会、对生活、对学习的观点和态度也会存在很大不同，这些背景对于学生进一步学习有着重要的作用和影响，因此教师在“备学生”时万万不可忽略这些内容。

第二，我们要把握学生的动态。上面所讲的全面了解学生，主要侧重于对学生的静态了解。仅满足于此还不够，教师既要从静态角度了解学生，更要从动态角度熟悉学生。所谓“动态了解”，是指及时掌握学生在各方面的变化和进步。如学习成绩是进步了还是退步了？作业完成度是有所提高还是有所降低？是否能够遵守组织纪律？兴趣爱好是否发生了改变？在受到表扬、批评和与同学产生纷争、矛盾后学生的整体状态是否有所变化？除此之外，教师还要特别了解和关注后进生的情绪变化，因为后进生本来就是学生中的弱势群体，自卑性强，缺乏学习的动力和信心。对他们的微妙进步，教师应及时给予肯定和鼓励，而对他们的一些错误，教师也要耐心加以纠正引导，使之体验成功的愉悦，增强前进的动力。

第三，我们要掌握班级状况。学生是生活在集体中的，有效的施教必须建立在熟知班级情况的基础上。因此，“备学生”必须了解班级基本状况，包括班级特征、学生构成、智能结构、学习情况、兴趣爱好、组织纪律、对本学科的学习态度及代表性意见、典型学生状况等。教师只有对自己所带的班级了如指掌，才能统揽全局，科学施教。在日常教学工作中，教师还要勤于与班主任及其他任课教师进行沟通，共同探讨班级的优点和不足以及相应的调整方法，并将探讨的成果纳入备课之中，做好提前准备，教学才能有的放矢。

第四，我们要找准教学起点。社会的飞速发展为学生提供了广泛的学习渠道，许多课本上尚未涉及的知识，学生可能已经很清楚了，我们认为很简单的、不用教的，学生可能恰恰不会。因此，教师要想设计出符合学生的思维特点的教学方案，就必须找准教学的起点。教师在备课中应该不断向自己发问：学生是否已经掌握或部分掌握了教学目标中要求掌握的知识、技能？掌握的程度如何？没有掌握的是哪些？哪些新知识是学生自己能够自主学习的？哪些是需要教师引导和点拨？通过对学情的了解，确定哪些知识是需要重点探究的，哪些是可以略讲甚至不讲的，确定好教学的起点，有针对性地设计、实施教学，就能够为我们教学目标的实现打下坚实的基础。如果是学生完全能够独立习得甚至已经掌握了的内容，教师还在“侃侃而谈”“悉心教诲”，就只会白白浪费大量的宝贵时间，造成教学效率低下。

第五，我们要明确发展目标。教师总是围绕“教学目标”来施教，这无可厚非。教学目标是教学的出发点和归宿，是教学的灵魂。可关键问题是，教学是不是仅仅将制定好的“教学目标”一一落实就万事大吉了呢？恐怕问题还不是那么简单。一节真正有效的课，关键要着眼于学生潜能的开发、知识的内化，实现教师的教学目标和学生的学习目标、发展目标的协调一致。因此，教师备课中总要有一个思考的核心点：这节课，我将使我的学生在哪些知识点、能力点、情感态度价值观上有所发展？学生的发展目标越清晰，教学成功的概率就越高。需要注意的是，学生千差万别，强调其发展目标也不能理想化地要求“一刀切”“一锅煮”“齐刷刷”并进。而是要时刻关注个别差异，设计不同目标，提出不同要求，做到有的放矢、因材施教。在备课时，教师要因人而异地设计教学环节，做到扬长避短、分类指导。针对学生的差异设计不同层次的问题，使能力较强的学生发展了思维，能力中等的学生掌握了方法，能力较弱的学生产生了兴趣，使不同层次的学生都得到了相应的提高。同时，还要分层次设计练习和作业，通过分层练习，使各类学生都有所收获、充满学习主动性。自然，这对教师的“备学生”提出了更高的要求，但我们也应当认识到，这些“要求”都将转化为我们获取最佳教学效果的助推力量。

第六，我们要设计活动方案。教师们在备课中，要以学生发展为主，树立学生主体的思想。学生主体地位的体现之一，是其能够参与丰富多彩、行之有效的课堂“活动”。很多教师备课时只注重知识的罗列，甘愿做参考书的“搬运工”，将教参上的内容原封不动地“打包”挪至备课本上，却忽略了具体的对学生活动的安排，或者有了一定的活动安排，但对活动形式、活动次序缺乏全盘考虑，依旧难逃教学低效的“陷阱”。教师在备课中要有学生自学的环节设计，要有质疑的环节设计，要有学生讨论的环节设计，要有学生展示自学成果的环节设计……要找到学生喜欢的活动方式，充分发挥学生的主体作用，给每个学生独立思考的空间和自我表现的机会，使学生在宽松、民主、和谐的氛围中，积极参与学习，变接受式的学习为自主探究式的学习。同时，活动方式要寻求变化，不能跌入“一成不变”的“套路化”的模式中，否则容易造成学生兴趣的丧失。

切记，一次好的备课，一定是在对学生有深度研究的基础上完成的。

用小成功引来大成功

在我们的教育教学实际工作中，不难发现存在着这样一种怪现象：部分孩子从怀着好奇心、兴高采烈地走进校园，到厌学情绪严重，视学习为“猛虎”、为“苦海”。中间究竟发生了什么？细心观察不难发现，我们个别教师所施行的教育不是在激励和培养学生的信心，而是从一开始就以一种偏执化的“严师出高徒”的教学心态在对学生进行打击。显然，这些教师的本心并不坏，他们只是希望学生能够在一次次的失败中寻求上进，不骄纵、不自满。但他们却忽视了一点，渴望被承认、渴望成功是人的天性，如果学生始终在批评、斥责和无尽无休的要求中度日，学生只会对学习失去兴趣，对未来失去信心。

所谓的“差等生”由此而诞生。

事实证明，让一个学生成功的最好办法就是给他信心，唤醒他内心的渴望，这就等于给他体内安装了一部发动机。而运转发动机的“机油”就是教师和家长给予的赞誉和信任。在优秀教师的眼里，是没有“差等生”的概念的，他们会着意于对学生因材施教，发现他们的特长，给他们机会，让这些学生从失败的阴影中走出来，从不断的成功中找回自信。因为只有引导学生树立了自信，看到了自己的优势所在，才能让他们选择适合自己发展的道路，激发他们的学习兴趣，求得自我的进步。教师需要明白，每个人都不会均等拥有各种才能，而是各有侧重。真正的教育应该是发现每个学生的所长，因材施教，使每一个人都成为对社会有用的、快乐的人。用一把固定刻度的尺子来衡量所有的人，最终得出的结论自然是大部分学生不合格。

因此，一个优秀的教师，头脑中要始终牢记“成功”的理念，并用这种理念来支配和调控我们的教育行为。教育的关键在于“唤醒”，教师要善于用鼓励唤起学生的信心，发现学生的闪光点，唤醒学生心中沉睡的那个伟大的自我。让从来没有体验到成功的“差等生”体验反复成功的快乐，让孩子变反复失败为反复成功，这是一个优秀教师应掌握的教育艺术。

很多学生从来没有在成功之途上前行过一步，因为他们认定那是一个“不可能完成的任务”。这种心态阻碍了很多人的发展。其实，再巨大的任务也能被分解完成。教师应该做的，就是有意识地将大任务、大目标分解成若干个小的、容易完成的任务和目标，并逐一引导学生去完成。一旦学生将一个小成功收入囊中，他就拥有了不小的动力，他会开始相信自己完全能够成功，以前那些看起来无法克服的困难，现在只是一个待努力的小挑战而已。想让学生一步登上珠穆朗玛峰是不可能的，但如果我们能在每一步都给学生一个小小的台阶，学生就能够积跬步以至千里，抵达风光无限的顶峰了。

优秀的教师总是善于在教学中将某些学习任务分解成若干个子任务，让学生从难度较低的问题入手，先由基础较差的学生回答，使他们有较高的成功概率，尝试成功的喜悦，以增强他们的自信心。对于综合性强、难度大的问题则由基础较好的学生来说明、回答和总结，使不同层次的学生都体验到成功的快乐。

具体而言，教师可以围绕九个字来做：“低起点”“小坡度”“分层次”。

教学内容的设置不宜过高，以“跳一跳，能摘到”为标准，贪多嚼不烂，过分求高、求大、求多，会给学生过多的挫败感，因此教师要按照学生的实际情况来进行教学，谓之“低起点”。

教学内容的衔接和过渡，思维跨度不宜过大，应努力做到一环扣一环，保持思维的连续性和流畅性，分散难点，抓住重点，把所要教授的新知识，按学生的认知水平，划分为几个“坡度”，并且坡度要小，“频率”要高，学生才容易接受，谓之“小坡度”。

对学习能力较强的学生，教师可组织他们看书自学、小组讨论、质疑问难，以帮助其在理解的基础上掌握新知识，发展思维能力。而对学习能力较弱的学生，则主要由教师直接教学，帮助其复习基础知识，在新旧知识之间“搭桥”，进而引导他们掌握新知识。使不同学生以不同方式获得成就感，谓之“分层次”。

凭什么让学生听你的话

我常听到老师抱怨，学生如何如何不听话、不服管，甚至体罚了也不见效。无奈之情溢于言表。

可想而知，如果一个班级里，不听话、不服管的学生多了，课堂自然会陷入教学秩序涣散、“意外事故”频发的泥潭，教学效率自然会低下。

凭什么让学生听你的话？这该成为每一个教师思考的问题。

吾日三省吾身，每个教师都应该时常问自己以下几个问题：

第一个问题，要问问自己，是否做到了以身作则？什么是教育？简单地说，教育就是一种影响。教师的言行举止时时刻刻潜移默化地影响着学生，这种影响对学生产生了巨大的作用。试想，要求学生上课不能迟到，我们自己是否做到了按时候课？要求学生认真听讲，不做与上课无关的事，我们是否做到了上课不接电话？是否做到了在教室、办公室不做与工作无关的事？是否被学生“撞见”我们在边听音乐边批改作业？要求学生书写工整，我们是否在学生的作业本上“信笔涂鸦”？榜样的力量是无穷的，我们对待工作严谨、认真、勤奋，把每一节课都当作生命的一部分，自然会在学生的心里产生有益的影响，并转化为学生对我们的尊重、对课堂的尊重。这种情况下，学生还会不听我们的话吗？

第二个问题，要问问自己，是否在坚持学习、苦练内功？一个教学水平低劣、没什么知识底蕴的教师，最容易被学生鄙视。孔子云“学而不厌，诲人不倦”，诲人者必须自己努力学习，否则何来教诲别人的资格？也许有人会问，老师怎么可能不学习呢？起码每天要备课，要看教材和参考书吧！持这种观点的人对“学习”的理解就过于狭隘了。曾有一位中年语文老师说：“我们家除了广播电视报以外，什么报纸杂志都不订，一晚上看看电视连续剧就过去了。”结果，这位老师也“很快过去了”——改做行政了，这种改行实质是一种淘汰。因此，努力学习，苦练内功，是赢得学生信任的重要途径。一个教师这样写道：

为了热爱着的这份事业，我不甘落伍，从不敢懈怠：读书——汲取高营养，学习教育专家的教育思想、教育理论，让自己的根基尽量扎实深厚些；看报——每日必修课，关注社会新闻，了解教育动态，让自己的思维跟上社会发展的节拍；剪报——为我所用，这是多年养成的习惯，现在手头有《学习与借鉴》《现实与悲哀》《他山之石》《网瘾危害启示录》《性健康教育初探》等自拟专题的专集，都是在读报时随剪随贴，作为资料保存下来的，对于完善自我、提高工作质量大有裨益；汲取——这是除书本资料以外的另一种学习方式，即向现实中的专家直接取经，汲取他们的"营养"充实自己。

这样的老师，怎么会不让学生信服呢？

第三个问题，要问问自己，是否真正关心学生？对这一点，肯定有老师说，我怎么不真正关心他们了？我对他们要求严格着呢，可是，他们就是不买账。真正的关心是老师心中有学生。在课堂上，老师要用心去观察学生，用心去理解学生。老师的心学生是看得见的：你对学生真心，学生迟早会接受并回报；你对学生耐心，学生迟早会被感化；你在学生面前虚心，学生会更加敬重你。反之，你对学生不关心，学生会疏远你；你对学生不真心，学生会鄙视你。

在学校，不乏这样的情景：学生没有完成作业，教师不问缘由，将其轰出教室，不理不睬，没有了后续的处理；学生在课堂上违纪，教师大发雷霆，直接将其交给班主任或学校处理，自己不闻不问，还理所当然地认为，自己不过一个科任教师，犯不上处理这些问题……凡此种种，能说是关心学生吗？

老师真正用在学生身上的一片赤诚之心，学生是懂得的、理解的、珍惜的，不过这种懂得、理解和珍惜有个迟与早的时间差罢了。真正的关心就是老师不能高高在上，不能“一言堂”，要学会倾听。在学生的回答出现了错误时，教师不应“一棒子打死”或者置之不理，而应耐心倾听，认真修正。只有学生的思想在课堂上有了“生存”的空间，学生在一个集体中找到了自己的位置，学生的心才会真正被教师“收服”。所谓让学生“听话”“服管”就变得轻而易举了。

修炼课堂评价艺术

课堂评价作为一种教学手段，贯穿于整个教学过程，是课堂教学的有机组成部分，它决定着课堂教学的走向，影响着课堂教学的效果。因此，必须引起教师的足够重视。

新的评价理念特别强调要尊重学生的个体差异，促进每个学生的健康发展，于是，课堂上教师评价学生时，常常表扬声一浪高过一浪，“说得太好了，大家为他鼓掌”“嘿、嘿、嘿，你真棒”，似乎给予学生的表扬越多，就越能发挥评价的作用。但静下心来仔细想想，这样的表扬是不是太滥了？以学生发展为本的评价理念，在实践中是不是被演绎得“过度了”“变形了”？评价真正实现了它的自身价值吗？传统教育一味地批评、指责、否定学生，造成学生自信心匮乏，当然弊病重重。但提倡多鼓励学生，也并不是要求教师滥用“棒棒棒，你真棒”这种评价啊！如果每天都沉浸在一种声音里，评价语言没有变化，每个人所得到的评价没有区别，学生的心里必然会对其产生免疫力，评价的激励作用难以实现，评价的效度能落实多少也就不得而知了。

一切教育措施的出发点皆为“有效”，评价也是如此。有效的课堂评价应以学生的发展为出发点和归宿，应成为促进学生发展的催化剂。诚然，鼓励、称赞等积极的激励性评价，对保护和提高学生的学习热情有着积极的意义，但这并不是说，我们就必须一味采取表扬式的评价，而忽略否定性评价。其实，过度的激励性评价，往往会造成学生自我感觉太好，经不起批评和挫折，稍有不如意就情绪低落。所以，课堂上究竟该采取怎样的评价方式，要根据实际情况灵活掌握。

当学生的表现有明显进步，如回答到位、见解独到、表达精彩时，教师的评价应不吝赞扬之词，及时予以肯定、激励。例如：“好哇，这种做法很好，你真会动脑筋”“你的发言很精彩”“又是一种很好的解题思路”“你发现的这个问题很有探索价值”。如此亲切、明朗、热情洋溢的语言，学生听后怎么会不被感染？他们自然也就会从中获得前进的动力，在自信中走向成功了。

当学生表现不理想时，教师要善于从学生的表现中，敏锐地捕捉到其中的闪光点，用激励性评价及时给予肯定和表扬，让他们看到自己的进步，从而增强学习信心；或者通过幽默的语言化解学生在课堂上的尴尬，小心翼翼地保护学生的心灵，帮助他们纠正学习中的错误。例如：“也许有的同学还有不同的见解，你想不想听一听？”“说错是正常的，老师也会有说错的时候，没关系，请你试着再说一遍。”这样既能够帮助学生纠正错误，又不至于对他们的自尊心造成损害，岂不是很好吗？

当学生思维活跃，彼此意见相左时，教师的评价应深入浅出，引导学生在激烈的争辩中相互启发、统一意见。要给持相反意见的学生以申诉的机会，要给犯错误的学生以重新修正意见的机会，最终让他们带着愉快的心情与透彻的理解回到座位上。

当学生的情感、态度、价值观有失偏颇时，教师的评价要学武术中的“四两拨千斤”，化腐朽为神奇。此刻的评价，最忌讳直白的否定，而应突出教师的智慧，运用幽默的语言进行引导，往往能有奇效。

许多教师发表的课堂教学评价仅仅是围绕学生对知识理解的正确与否进行的，往往注重考量学生对知识的掌握程度，而忽视了对学生学习过程与方法、情感态度与价值观的评价，尤其是对学生学习的兴趣、良好的心理素质、新颖的学习方法、学习过程中独到的体验和感悟缺乏关注，而且其评价往往缺乏及时性、丰富性。这说明教师仍然将目光集中于学生的学习成绩上，没有多角度地去评价学生，忽视了学生个体发展的独特性。

教师不要把自己当作课堂上唯一的“裁判”，而要把“评价的尺子”交给学生自己，让他们产生使命感。同时，当评委的情感体验，往往也可使教学收到意外之喜。

课堂教学评价应该是一种民主、平等的“对话”，这一“对话”过程贯穿着尊重人、爱护人、发展人的人文情怀。修炼课堂评价艺术，会使我们的课堂具有强大的吸引力，学生在课堂上快乐、轻松、高效地学习，将不再是遥不可及的梦。

彻底删除“标准答案”

一位语文老师教学古诗《题西林壁》，在引导学生理解诗意时向学生提出了这样一个问题：“同学们，刚才我们已经读熟了古诗，现在谁能说说‘横看成岭侧成峰’这一句诗的意思呢？”老师话音刚落，马上有一个学生站了起来，说：“老师，这句诗的意思就是说，横着看成了山岭而侧着看却成了山峰。”“你是说‘横看’的意思是‘横着看’吗？”学生刚要往下说，却被老师的话拦住了，该生望了老师一眼，点了点头。老师摇了摇头，当即否定说：“不对！”学生便满脸疑惑地坐下了。接下来老师便这样引导学生：“同学们，你们在读课文的时候眼睛是从哪一边向哪一边看呢？”学生答：“老师，是从左向右看。”老师说：“这就对了，如果把这种看法运用到诗中，你说诗人是怎样看的呢？”学生马上做出了反应：“老师，是从左向右看。”老师对学生的回答也当即做出了反馈：“对，‘横看’的意思应该是从左向右看才对。”

从整个教学片段来看，教师在阐释“横看”这一词语意思的过程中可以说是引导得“有声有色”（运用了学生在读书时的顺序来进行引导），让学生理解了“横看”就是“从左向右看”的意思，就其教学目标来说是达到了的。只不过细思“横看”，我却并不完全赞同这个教师的言论。“横看”就其意思来说，的确是“从左向右看”的意思，但诗句“横看成岭侧成峰”中的“侧”应该是和“正”相对的，只因用“侧看”和“正看”读起来不顺口，也不符合诗的意蕴，所以作者才用了“横看”一词。而实际上，从看的角度上来说“从左向右看”也就是“正看”和“横着看”的意思，如果老师能拓宽自己的思维多想想，会发现第一个学生的答案实际上也没有错。在备课的过程中，教师把“从左向右看”看成了“横看”的“标准化”答案，这无疑抹杀了学生思维的创造性，因而从某种意义上说，教师的引导不但没有“功”，相反是有“过”的。

诚然，在教学中，“标准化”答案能给教师的教学指明方向，学生所掌握的答案通常是绝对正确的，但老师如果在教学中凡事都以“标准化”答案来指导自己的教学，把它固化为一种教学方式，这就是不正确的。因为这样一来，学生的发散性思维和创造性思维会全被“标准化”答案“挤占”， 只要学生回答的不是教师认同的那个标准答案，教师为了确保万无一失，便都会“严格要求”，不假思索“一刀劈下”，这对教学是极为不利的。

很显然，“标准答案”阻碍了学生的发展，让学生变成了“答题机器”。教师教的效果确实主要是从学生的身上得以体现的，但这种体现并不是要让学生在教师提问之后完全按照标准化答案作答。到一个地方有三条路，我们要检测的不仅仅是看学生会不会走，更主要的是要让学生根据自身的条件选择一条适合自己走的路；一个问题有很多种解决的方法，我们要做的不仅仅是教会学生得出这个“解”，更重要的是要让学生知道并能根据自己的实际情况选择一种自己所喜欢的方法。只有这样，学生在以后的学习过程中，才能举一反三。“标准化”答案极易把学生变成一问一答的“机器人”，如果学习的环境稍有改变，他们便会无所适从。

在我就这一问题跟老师们探讨的时候，我发现大家都很担心：如果不去追求“标准答案”，是不是会影响到考试成绩？分数没有了，如何体现教师的劳动成果呢？

看起来这种担心很有道理。追求标准答案，会倒逼教学中教师唯答案是从，“怎么答就怎么学”。一道论述题，老师画重点：“这道题一共三个要点，一是……二是……三是……”每个要点都是“得分点”，记住两点不行，创新四点也会错。标准答案一旦被确立，“顺我者昌，逆我者亡”的机制立即被激活。学生一旦把答案当成权威，深信不疑，还怎么能拥有质疑精神？为什么我们的学校总是培养不出杰出的人才？对这个问题的回答，恐怕不是三言两语能释清的，但至少我们应该明白一点：杰出的人才，绝不会止步于“标准答案”。

因此，作为一个有良知的教师，不能仅仅为了眼前的分数，而给学生加上太多的条条框框，使他们不敢“越雷池半步”。我们要鼓励学生敢想敢说，敢于创新。更何况，随着我国教育体制的喜人改革，考试的题型早已“悄然生变”，试卷命题中的主观成分越来越多，这就要求学生必须摆脱“标准答案”的思维，才能取得好的成绩。

教师还需要注意的是，“标准化”答案不仅影响到了学生，也同样阻碍着教师的发展。如果教师在教学中凡事都以“标准化”答案为准，对于一个问题，在备课之前不去找找看有没有其他的解决途径，造成的后果便是自己的教学失去生命力。在教学中，教师教学方式的创新来源于教学经验的积累。以文首的那位语文教师为例，如果该教师的心中没有锁定“从左向右看”这个“标准化”答案，在学生回答之后多加思索让学生自由发挥，那么在以后的教学过程中他便会积累到一种经验——凡事无必然。仅此一点，教师在以后的备课过程中便会多加分析，得出适合本班的教学方式，从而使自己的教学得以创新，如果凡事都以“标准化”答案为准，那么我们的教学方式还分什么“启发”式和“填鸭”式呢？不如将答案一一“填给”学生更加便捷高效。

考试、评价的基本功能是培养人、教育人、塑造人。中小学生的思维正处于发展中，如果我们一味地采用“标准化”答案去禁锢他们，那只会扼杀学生的思维，达不到“育人”“发展人”的目的。同样，教师的教学要想真正变得“有声有色”，取得“育人”的实效，也绝不能用“标准化”答案来指导我们的课堂，不能把一本教参作为我们的“救命稻草”，不能把抄写标准答案、背诵标准答案作为最重要的教学方式。当我们的教学“打开”了教师和学生的大脑，使思考和质疑成了课堂的主流，答案是不是彻底“标准”，又有何妨呢？

本章小结

√ 如果说“教什么”是我们要去的地方，“怎么教”则是到达这个地方所采用的交通方式，如步行、骑自行车、开汽车等。如果我们连要去的地方都不知道，那么不管选用什么交通工具，我们能到达目的地吗？答案当然是否定的。

√ 一位优秀的教师，就应该在课堂的45分钟里，始终和学生“站在一起”，一个都不能少。

√ 教师在备课时必须要考虑班级的整体情况、学生的平均水准，既要使自己的教学设计符合班级的学情，又要考虑到教学过程、方法的灵活性，坚持整体与部分兼顾，统筹协调。

√ 在分析学情的基础上，教师必须准确定位学生的学习目标，要做到“保底性目标”和“发展性目标”相结合。

√ 教师对教材的研究结果，必须通过教学生得以落实。如果不了解学生、不研究学生，对教材知识的传授也就很难达到预想的效果。

√ 让一个学生成功的最好办法就是给他信心，唤醒他内心的渴望，这就等于给他体内安装了一部发动机。而运转发动机的“机油”就是教师和家长给予的赞誉和信任。

√ 真正的关心就是老师不能高高在上，不能“一言堂”，要学会倾听。在学生的回答出现了错误时，教师不应“一棒子打死”或者置之不理，而应耐心倾听，认真修正。

√ 教师不要把自己当作课堂上唯一的“裁判”，而要把“评价的尺子”交给学生自己，让他们产生使命感。同时，当评委的情感体验，往往也可使教学收到意外之喜。

√ 学生的发散性思维和创造性思维会全被“标准化”答案“挤占”，只要学生回答的不是教师认同的那个标准答案，教师为了确保万无一失，便都会“严格要求”，不假思索“一刀劈下”这对教学是极为不利的。